湖南农业大学经济学院学术文库

我国农村普惠金融发展问题研究

Research on the Development of Rural
Inclusive Finance in China

蔡洋萍　肖勇光◎著

经济管理出版社
ECONOMY & MANAGEMENT PUBLISHING HOUSE

图书在版编目（CIP）数据

我国农村普惠金融发展问题研究/蔡洋萍，肖勇光著．—北京：经济管理出版社，2020. 12
ISBN 978 – 7 – 5096 – 7525 – 0

Ⅰ. ①我… Ⅱ. ①蔡… ②肖… Ⅲ. ①农村金融—研究—中国 Ⅳ. ①F832. 35

中国版本图书馆 CIP 数据核字（2020）第 166297 号

组稿编辑：郭　飞
责任编辑：曹　靖　郭　飞
责任印制：黄章平
责任校对：王淑卿

出版发行：经济管理出版社
　　　　　（北京市海淀区北蜂窝 8 号中雅大厦 A 座 11 层　100038）
网　　址：www. E – mp. com. cn
电　　话：（010）51915602
印　　刷：唐山昊达印刷有限公司
经　　销：新华书店
开　　本：720mm × 1000mm/16
印　　张：11
字　　数：185 千字
版　　次：2020 年 12 月第 1 版　　2020 年 12 月第 1 次印刷
书　　号：ISBN 978 – 7 – 5096 – 7525 – 0
定　　价：78. 00 元

前　言

　　本书在对普惠金融相关理论梳理的基础上，对我国农村外生性普惠金融发展情况进行介绍，与此同时，对我国现行农村外生主导下的普惠金融发展水平进行测度，在此基础上对我国现行内、外生性农村普惠金融发展存在的困境进行分析，从而引发对我国农村普惠金融发展路径的探讨，并提出相应路径实现保障措施。本书得出以下一些结论：

　　（1）本书指出我国现行农村普惠金融发展路径具有以下一些特征：①沿袭体制内政府主导的外生性金融体系；②以自上而下的强制性制度变迁路径为主；③农村金融改革重视金融机构数量改革，忽视农村金融体制功能建设。

　　（2）本书以中部六省为例，对我国外生性主导发展路径下农村普惠金融发展水平进行分析发现：当前我国外生性农村普惠金融的发展水平距离真正意义上的普惠金融还有很大差距，甚至在一些偏远的农村地区还存在着金融服务空白的现象，这从根本上制约了农户享受高效、便捷的金融服务。

　　（3）本书对外生主导型农村金融体系下我国农户信贷供需进行了分析，发现我国农户存在大量潜在信贷需求，而且信贷需求量呈逐年递增之势，但总体上仍以小额信贷需求为主。但是我国农户信贷供需存在信贷供给的外生性与信贷的内生性需求的不适应性、农村信贷产品结构供需不适应性、农村信贷额度不适应性、农村信贷期限结构不适应性、农村信贷担保方式不适应性等多方面的不适应性，提出我国应尝试发展内生性农村金融体系等多方面的政策建议。

　　（4）本书对外生性农村金融产生的金融排斥现象进行了研究，发现我国外生主导型农村金融存在地理排斥、条件排斥、价格排斥、营销排斥、自我排斥等方面的金融排斥现象。同时对农户与村镇银行互相之间产生的"惜贷"行为进行了实证分析，发现农户家庭供养比、家庭土地面积、家庭负债、农户的社会关系以及是否考虑从亲友处借款是造成农户主观性金融排斥发生的显著因素；而村镇银行的惜贷情绪主要受政策约束、目标偏移、信贷风险和贷款机会成本等方面因素的影响。

（5）本书发现发展农村内生性普惠金融具有以下优势：①环境因素——熟人社会；②需求因素——农户多样化的金融需求；③制度因素——外生性金融供给的不适应性等优势。而阻碍我国农村内生性普惠金融发展的因素主要有：①我国农村金融发展对外生性金融供给的路径依赖；②农村资源流失导致农村金融机构内生化土壤薄弱；③政府的行政控制导致农村金融内生化发展缓慢等因素。

（6）本书建议我国农村金融成长路径为走农村内外兼容性的农村普惠金融发展路径：①我国农村内外生金融兼容性发展优势体现在以下几个方面：成本收益优势、制度契合优势、激励相容优势等方面；②研究项目设计了我国农村内外生金融契合模式：第一步专门在合作社内部设立农民资金互助社，然后通过农村内外生金融联合支持农村专业生产合作社；③在上述内外生合作制度契合模式中，外生金融组织和内生金融组织都面对农户信贷需求，但并没有产生因竞争造成的利益损失，而是达成了合作条件下的共同利益最大化。

（7）本书以东中西部六省为例对我国农村数字普惠金融发展情况进行了分析。发现东中西六省的农村数字普惠金融指数整体水平近年来都有所增长，但东部的浙江省和福建省的农村数字普惠金融发展水平一直领先中、西部四省，整体来看，中部地区农村数字普惠金融发展水平领先于西部。从数字普惠金融覆盖广度来看，东部三省一直领先于中西部且一直保持在很高水平；从数字普惠金融使用深度水平来看，浙江省处于领先地位，西部两省的使用深度水平一直明显低于华中两省；从数字普惠金融使用可持续性水平来看，六省农村数字普惠金融使用的可持续性水平都是在不断增加的，相对另两个维度六省差距很小，且同一地理位置的两省使用的可持续水平非常接近。基于上述研究，提出提升我国农村数字普惠金融发展水平的对策建议。

目　录

第1章　绪论 ·· 1

  1.1　研究背景与意义 ······································ 1

  1.2　国内外相关研究综述 ································ 3

  1.3　研究思路 ·· 8

  1.4　研究方法 ·· 9

第2章　普惠金融相关理论及概念梳理 ················ 11

  2.1　普惠金融概述 ······································ 11

  2.2　农村金融理论 ······································ 13

  2.3　金融发展理论 ······································ 14

  2.4　内生金融增长理论 ·································· 15

  2.5　内生性金融与外生性金融概念界定 ·············· 17

第3章　我国农村金融发展起点：外生性金融 ········ 19

  3.1　农村外生性金融的发展历程 ······················ 19

  3.2　我国农村外生性金融发展路径特征 ·············· 25

  3.3　我国农村外生性普惠金融发展情况 ·············· 28

  3.4　我国农村外生性普惠金融设立初衷 ·············· 37

  3.5　我国农村外生性普惠金融的目标偏移 ············ 39

第4章　外生性主导发展路径下我国农村普惠金融发展水平分析 ··· 47

  4.1　相关文献研究 ······································ 48

4.2 农村普惠金融发展水平测度方法 ┈┈┈┈┈┈┈┈┈┈┈┈┈ 50

4.3 中部六省外生性农村普惠金融发展水平测度 ┈┈┈┈┈ 51

4.4 外生性农村普惠金融发展水平影响因素分析 ┈┈┈┈┈ 56

4.5 结论 ┈┈┈┈┈┈┈┈┈┈┈┈┈┈┈┈┈┈┈┈┈┈┈┈┈┈┈┈┈┈┈ 59

第5章 我国农户信贷供求状况及适应性分析 ┈┈┈┈┈┈┈ 61

5.1 相关文献研究 ┈┈┈┈┈┈┈┈┈┈┈┈┈┈┈┈┈┈┈┈┈┈┈┈ 61

5.2 湖南省农村信贷供求状况 ┈┈┈┈┈┈┈┈┈┈┈┈┈┈┈┈ 64

5.3 农户信贷需求影响因素——以益阳市桃江县为例 ┈┈┈ 69

5.4 农户信贷需求影响因素的 Tobit 分析 ┈┈┈┈┈┈┈┈┈ 73

5.5 我国农村信贷供求不适应性分析及对策 ┈┈┈┈┈┈┈┈ 78

第6章 基于农户视角的农村金融排斥影响因素实证分析 ┈ 83

6.1 引言及相关文献回顾 ┈┈┈┈┈┈┈┈┈┈┈┈┈┈┈┈┈┈┈ 83

6.2 我国农村金融排斥的表现及原因分析 ┈┈┈┈┈┈┈┈┈ 85

6.3 模型选择与回归分析 ┈┈┈┈┈┈┈┈┈┈┈┈┈┈┈┈┈┈┈ 90

6.4 村镇银行与农户之间"双向惜贷"的影响因素分析 ┈┈ 95

6.5 缓解我国农村金融排斥的对策建议 ┈┈┈┈┈┈┈┈┈┈ 102

第7章 我国农村内生性普惠金融发展分析 ┈┈┈┈┈┈┈┈ 106

7.1 我国农村内生性普惠金融发展状况 ┈┈┈┈┈┈┈┈┈┈ 106

7.2 我国农村发展内生性普惠金融的优势 ┈┈┈┈┈┈┈┈┈ 108

7.3 阻碍我国农村内生性普惠金融发展的因素 ┈┈┈┈┈┈ 110

第8章 我国农村内外兼容性普惠金融发展路径研究 ┈┈┈ 113

8.1 农村内外兼容性普惠金融内涵 ┈┈┈┈┈┈┈┈┈┈┈┈┈ 113

8.2 我国农村内外兼容性普惠金融发展路径设计 ┈┈┈┈┈ 115

8.3 我国农村内外兼容性普惠金融发展路径分析 ┈┈┈┈┈ 118

8.4 农村内外兼容性普惠金融发展案例——农村金融自治融资 120

8.5 内外兼容性农村普惠金融融资案例——"六方合作 + 保险" ┈┈┈ 123

第 9 章　实现我国农村内外兼容性普惠金融发展路径保障措施 ················ 127

9.1　促进我国农村内生性普惠金融的发展 ················ 127

9.2　进一步推动我国农村合作经济的发展 ················ 129

9.3　注重农村普惠金融的需求能力培养 ················ 130

9.4　我国内外兼容性农村普惠金融配套环境建设 ················ 131

第 10 章　我国农村数字普惠金融发展分析 ················ 135

10.1　我国农村数字普惠金融发展的主要模式 ················ 135

10.2　我国农村数字普惠金融发展情况分析 ················ 138

10.3　我国农村数字普惠金融发展存在的主要问题分析 ················ 143

10.4　我国农村数字普惠金融发展水平衡量指标体系构建 ················ 146

10.5　东中西部六省农村数字普惠金融发展水平分析 ················ 148

10.6　提升我国农村数字普惠金融发展水平的对策建议 ················ 151

第 11 章　结论及展望 ················ 154

参考文献 ················ 159

第1章 绪 论

1.1 研究背景与意义

在党的十八届三中全会中，"普惠金融"第一次被正式写入党的决议。普惠金融（Financial Inclusion），也称作"金融包容"或"包容性金融"，最早由联合国在 2005 年提出，核心是指能有效、全方位地为社会所有阶层和群体提供服务。我国引入普惠金融概念虽相对较晚，但十分重视发展普惠金融，2013 年 11 月，党的十八届三中全会通过《关于全面深化改革若干重大问题的决议》中，明确提出了发展普惠金融。通过十八届三中全会将发展普惠金融上升到国家战略高度，我国农村金融机构也进行了增量改革，除了进一步扩大传统农村金融机构为农村提供金融服务外，还新设了许多农村新型金融机构，截至 2017 年末，村镇银行机构组建数量已达 1601 家，小额贷款公司 8551 家，农村资金互助社 49 家，农村新型金融机构从无到有，数量增长迅猛，在一定程度上缓解了我国农村普惠金融机构稀少的局面。但我国农村普惠金融的发展形势仍然十分严峻。虽然经过近几年的发展，我国农村的普惠金融机构在数量上增加了，在服务上也响应政府号召跟进了，但从本质上来说，我国农村普惠金融的发展仍然没有走出传统农村金融的发展模式，从而制约了我国农村普惠金融的发展。

因此，由于我国农村普惠金融的发展道路、成长路径仍然按照传统农村金融的发展方式、道路前进，导致我国广大农村地区的农村普惠金融发展仍然较为滞后，农村、农业、农户的金融服务需求仍然没有得到较好的满足。当前我国农村金融服务需求呈现日益多样化趋势。然而，由于道路和通信不畅、居住分散、单笔金融需求额度小、社会保障水平不足等原因，金融机构在农村地区提供普惠金融服务的成本高、风险大，导致农村地区普惠金融基础设施建设严重不足，存在着金融抑制、金融供给不足，广大农村地区仍然存在融资难、融资贵等问题。因此，迫切需要加快农村普惠金融发展，建立普惠制农村金融，以切实增强农民、农村中小微企业享受基础金融服务的公平性，缓解农村金融排斥、解决农村金融供求失衡，真正为"三农"发展和新农村建设提供可靠的普惠金融支持。然而，我国农村金融改革开展多年，期间包括对农村金融机构、功能、体制、业务等方面的改革，但改革效果距离我国普惠金融战略目标还相差甚远。研究指出，目前我国农村普惠金融发展路径仍然是一种政府强制主导下的外生性金融发展模式，我国农村普惠金融发展具有较强的外生依赖性。在这种路径依赖性下，政府对农村普惠金融的历次改革也仅仅是对原有外生性金融发展路径的修补，从而导致外生性农村普惠金融机构占绝大多数，外生性农村普惠金融目标偏移，内生性农村普惠金融发展受阻等现象。而需要解决这些问题，应从根本上打破我国传统农村普惠金融固有的外生性金融发展路径依赖模式。另外，大力发展农村数字普惠金融也将是破解我国传统农村金融排斥问题的一个重要渠道。

本书在阐述相关普惠金融理论的基础上探讨我国农村普惠金融的发展路径，有重要的理论和现实意义：

理论上，在对普惠金融发展理论的梳理上，对我国农村普惠金融的发展路径进行探讨，外生发展路径下农村普惠金融机构的经营反映的是国家利益、地方政府利益偏好，而与农村金融需求之间存在巨大差距。这种巨大差距使得现行的农村金融改革无法从根本上改善农村金融的总体运行环境，无法给农村普惠金融成长提供一个崭新的制度条件。而与之相对应的内生性金融发展路径则是立足于农村本地，在降低涉农贷款交易成本、增加农村普惠金融供给总量、把普惠金融服务延伸到外生型农村金融机构触及不到的地带等方面具有比较优势。因此，只有内生的发端于广大农村地区、农户之间的金融体系安排才能真正满足农村金融主体的金融需求。因而研究我国农村普惠金融发展路径可以再次从理论上探讨内外生性农村普惠金融各自发展的优劣势，并从理论上探讨内外生普惠金融发展道路结合的可能性，从而在理论上探索出新型的农村普惠金融发展道路。

实践上，要实现农村普惠金融的最终目标，即有效、全方位地为社会所有阶层和群体提供服务，就需实现阶段目标，即普惠金融机构财务绩效和社会绩效协调发展，兼顾公平和利益，而要实现二者协调发展，最终落脚点还需落实到农村普惠金融的发展效果上，为我国农村普惠金融发展寻找一条切合实际的发展道路，能更好地发挥普惠金融对我国农民、农业、农村经济的支持作用，逐步促进我国"三农"问题解决。

1.2 国内外相关研究综述

1.2.1 国外相关研究

（1）关于普惠金融机构目标偏移的研究。国内外学者关于农村金融机构发展目标偏移的研究更多地侧重于对小额信贷机构发展目标偏移的研究上。根据 Park 和 Ren（2000）对中国小额信贷项目的调查发现，在政府扶贫小额信贷项目中，虽然较为有效地排除了富裕农户获得贷款的现象，但同时也发现，真正贫困的农户较少获得政府小额扶贫信贷项目的支持，一些资金长期停留在政府资金账户中，存在"贷不出去"的情况。Martin 和 Hulme（2003）对孟加拉国小额信贷项目的研究发现，孟加拉国的小额信贷机构倾向于向富裕个人或较为富裕的穷人发放贷款，而最需要小额信贷的穷人获得的贷款支持非常少。Coleman（2006）对泰国的小额信贷市场进行研究发现，无论是享受政府资助的小额信贷机构还是纯粹商业化的小额信贷机构，都存在目标偏好，倾向于对具有一定资产的农户或商户发放贷款。Bateman（2010）的研究也发现，一些小额信贷机构已经脱离其初衷，偏离了最初的扶贫使命，成为追求高额利润的商业化贷款机构。对于农村金融机构为什么会发生目标偏移，学者们也纷纷进行了研究。Christen（2001）的研究发现，商业化趋势、竞争激烈、维持可持续经营等原因导致小额信贷机构偏移其初始目标对象。Mersland 和 Stroem（2009）认为，平均利润增加、交易成本上升、违约率升高、成立时间长等原因都可能导致这些机构发生目标偏移。

（2）关于金融内生方面的研究。随着内生增长理论（Romer，1986；Lucas，

1988）的提出，以金融发展和经济增长为核心的研究逐渐扩展到金融市场，金融机构成长模式上。Levine（1991）、Dutta 和 Kapur（1998）、Schref 和 Smith（1993）建立了各种模型从不确定性、信息不对称、交易成本等方面解释金融机构的内生形成。而在 20 世纪 80 年代后，金融发展理论又不断被深化并逐渐形成了内生金融理论。Hellmann（1996）、Stiglitz（1996）、King（1996）等新凯恩斯主义者逐步放松金融深化理论的瓦尔拉斯均衡市场的假设，提出了"金融约束论"。该理论不仅重新审视了政府干预的问题，而且还试图将内生增长和内生金融中介并入金融发展模型，力图解释金融中介和金融市场是如何内生形成的，从而产生内生性金融占主导还是外生性金融占主导的问题争论。而金融市场内生形成的模型以 Boot 和 Thakor（1997）、Greenwood 和 Smith（1997）的模型为代表。Boot 和 Thakor（1997）表明信息获取和信息汇总的优势导致金融市场的形成。Greenwood 和 Smith（1997）指出金融市场和金融中介的运行成本导致了金融市场和金融中介的内生形成。Cecchett（1999）、Becker 和 Levine（2003）认为，从金融自由化的发展趋势来看，金融应该顺应经济发展需要并服务于经济发展，提出金融机构应该依赖于其特定的生存环境，是经济的内生性产物，只有与其生存环境相适应的金融机构才能更好地生存和发展。在有关发展中国家农村金融机构内生性方面的研究中，Jonathan Conning（2005）、Getaneh Gobezie（2009）认为，发展中国家的金融市场具有其内在特殊性，不能盲目照搬发达国家金融市场的发展模式，应充分考虑其内在特殊性，形成与其内在环境相适应的金融市场。Neil Argent（2004）研究了澳大利亚和新西兰的集体农业金融机构的作用及其变化后指出，改革农村金融产权制度使之商业化以及废除集体农业贷款提供商将从根本上改变农业贷款市场结构。Kellees Tsai（2004）也通过对中国和印度两国农村金融组织的研究表明，微观金融的潜在客户仍在很大程度上依赖于非正式金融组织，他们将非正规金融组织存在的原因归纳为：正规贷款的有限供给、国家执行贷款政策能力有限、地方政治经济分割趋势严重以及许多微观金融组织存在制度缺陷。

（3）有关农村普惠金融机构方面的研究。Morduch 和 Helms（2000）提出发展普惠金融体系，应积极建立贴近农民和农村需要、直接服务于农民、农村的金融机构。Yaron 和 Charitonenko（2000）认为，农村普惠金融机构必须能够实现可持续发展，应具有一定营利性。Dowla 和 Barua（1999）认为，农村普惠金融组织应具有社会目标，为穷人设计合理的产品和服务。

（4）关于数字普惠金融发展方面的研究。全球普惠金融合作伙伴组织（GPFI）定义数字普惠金融为"所有通过使用数字金融服务以达到普惠金融的举措"，同时还强调所提供的金融服务对于金融服务供应商而言是可持续的、负责任的，并对金融服务获得者而言成本是可负担的。国内外学者对数字普惠金融进行了相关研究。Park 和 Mercado（2016）将城乡收入差距设为衡量贫困的标准，将研究对象设为亚洲发展中国家，通过实证分析判断数字普惠金融对减贫的作用程度，得出普惠金融能明显减缓贫困的结论。Ozili（2018）也指出贫困人群享用金融服务的"皮鞋成本"能因为数字金融的广泛应用而大为减少，并且还能增加低收入人群获得金融服务的机会以及扩宽融资渠道。Kama 和 Adigun（2013）针对非洲国家尼日利亚的普惠金融发展水平进行了调查，研究提出不够完备的金融基础建设，以及落后的网络信息技术水平，严重阻碍了普惠金融在尼日利亚的发展建设。Diniz 等（2012）以巴西为例，分析了手机支付、生物信息辨别等一系列新技术对有普惠金融在巴西农村及城市贫民地段的推广所起到的促进作用，使这些地区的人们也可以享受到基本的金融服务。

1.2.2　国内相关研究

（1）关于普惠金融机构目标偏移的研究。国内学者周孟亮和李明贤（2010）发现我国小额信贷机构在商业化过程中有偏离国家政策预期的倾向。事实上，不仅是小额信贷机构出现目标偏移，就连专门为实现普惠金融目标而成立的一些新型农村金融机构也出现目标偏移现象。杨娴婷和杨亦明（2012）、孙良顺和周孟亮（2014）、陈蓉（2014）的研究发现，小额贷款公司、村镇银行在服务"三农"过程中存在目标偏移现象，甚至离普惠金融目标渐行渐远。马一和柴瑞娟（2015）分析我国村镇银行之所以会发生服务对象目标偏移，其最根本的原因是村镇银行的股权结构——村镇银行的主发起银行制度导致的股权结构问题及法人治理的独立性问题是导致目标偏移的重要因素。国内外学者对小额信贷机构或农村金融机构目标偏移的研究表明，无论是国外还是国内，小额信贷机构或农村金融机构都存在目标偏移的现象，这并不是中国特色。但国外目前没有哪国政府将发展普惠金融上升到国家战略高度，只有我国在十八届三中全会将发展普惠金融上升到国家战略，体现了我国政府对发展普惠金融的重视。

（2）关于内生金融方面的研究。国内关于内生性金融研究较早的是张杰（1999），他指出奠基于小农经济的中国农村没有能力提出与以平滑生产波动、有效参与剩余分配为基本内涵的现代意义上的商业性金融相匹配的需求，最关键的是在保持现有体制稳定的情况下，引入新的博弈主体，改变现有博弈格局，构建一个充分考虑农村、农民金融需求的现实要求的农村内生金融体制。高帆（2002）也认为，农户借入资金的低预期收益率以及正规金融部门契约型信用交易的高成本，形成了需求型农村金融抑制，建议通过诱致性制度变迁内生出农村金融的方式予以解除。易宪容等（2006）认为，从国外引进的金融制度一直不能有效地与本土文化相融合、从自身的制度设计里生发出自我生长和延伸的空间，关键在于基础性制度的缺失。官兵（2005）认为，在我国农村金融组织运作产权和市场制度缺失的情况下，政府主导的外生金融能在短时间内建立，但可能出现制度供给不足以及供给偏差等问题。应在供给一套基础性的制度规则的前提下，倡导农村金融市场的有序竞争，给农村金融企业家以及他们所代表的广大农户以创新、制度试验和试错的自由。谢平等（2006）指出，农村金融机构的政策性业务与商业性业务混同，政府往往将金融机构作为支农工具，不仅导致农业金融机构严重的道德风险，而且使金融机构以各种形式逃离农村地区。开放金融市场，探索适合当地的金融组织形式应成为题中应有之义。姜新旺（2008）认为，基于制度信任的现代金融无法突破我国农村社会的家庭圈层结构与信任"差序格局"，纯粹的商业借贷在我国大部分农村缺乏存在的信任基础。非制度信任体现农村经济主体横向信用联系的内生金融是满足农户金融需求的有效途径，且非正规金融合法化、规范化是内生金融生成的基本途径，在此过程中要警惕政府的不恰当介入而异化其信用机制。何广文（2010）指出我国的农村改革没有诱导出农村经济的内生金融，甚至连具有"草根特色"的新型农村金融机构也出现了"内生性"不足的先天缺陷，经营模式延续传统农村金融机构经营模式。陈雨露（2010）认为，目前我国农村小型金融组织发展的内生金融元素"呼之不出"，而外生金融元素"预之难进"，形象地说明我国农村小型金融组织需要一种新的成长模式。曹胜林（2012）认为，农村金融需求和金融供给都内生于农村经济主体，应当从支农供给内生特性的角度去改造现有的农村金融机构。何登录（2014）认为，农村普惠金融内生机制应坚持市场调节为主，政府引导为辅。一是主要通过市场机制引入各类新型农村金融机构，鼓励适度竞争；二是要充分发挥政府的引导和调控作用，推进各类农村金融机构实行普惠金融；三是确保农村金融机构既要有盈利的基础，也要有兼顾社会责任的动力。

（3）关于数字普惠金融发展方面的研究。我国《2016 数字普惠金融白皮书》将数字普惠金融定义为"通过建立在移动互联网、云计算、网络和通信服务等数字科技的基础上，金融机构得以通过不同的方式为原先金融服务获取不足的人群长期提供多种多样的金融服务"。相比传统普惠金融，数字普惠金融在地域上有更强的渗透性，在区域范围上有更高覆盖度，通过数字普惠金融使人们获取金融服务变得更直接、客户覆盖面更广。丁杰（2015）和吕劲松（2015）指出数字金融能明显提升金融服务效率，覆盖更多小微企业，降低信贷门槛，为中小企业提供交易成本更低、信息更透明的优质贷款资源，进而促进普惠金融的落实。姜振水（2017）指出应当通过数字技术来推动普惠金融发展，让广大低收入群众，特别是农村地区也能拥有适宜的金融服务。宋晓玲（2017）运用泰尔指数对我国各省城乡居民收入差距进行测算，建立了平衡面板数据模型并进行了分析，结果表明城乡居民收入比随数字普惠金融的发展明显降低。张勋（2019）通过分样本实证分析得出三个结论：一是数字普惠金融在落后地区的发展速度更快，并显著地提高农村低收入群体的家庭收入；二是发展数字普惠金融能通过创业机会均等化，改善农村地区的创业行为；三是数字金融激发低社会资本和低物质资本家庭的创业行为，促进中国的包容性增长。傅秋子（2018）以面板数据回归模型结果为依据，对数字普惠金融对各地区农村正规金融需求的异质影响进行了分析，发现农村生产性正规信贷需求概率随数字金融水平的发展而下降，对智能手机用户的影响尤为显著，显著促进了农村正规消费性贷款需求，高学历、习惯网购的农村群体的需求提升显著。在关于数字普惠金融对农村的作用研究中，龚沁宜（2018）通过对我国西部 12 个省市进行实证分析得出结论，数字普惠金融对于低收入群体的收入提升具有显著作用，特别在经济发展水平相对较低的地区，其增收能力相当显著，当经济水平超过某门槛值时，数字普惠金对减贫的边际效果递减。杨竹清（2019）通过建立 SFA 模型来测量数字普惠金融扶贫效率，发现农村扶贫效率对于普惠信贷和数字支持服务有积极作用，而对于城市扶贫效率、服务深度和覆盖广度有消极作用，可得出结论：数字普惠金融扶贫效率在城市和农村之间差异明显，且金融发展水平和信息化基础设施是关键影响因素。董玉峰（2020）指出金融扶贫应将数字普惠金融嵌入至贫困地区特色产业链中，构建基于市场化机制的数字普惠产业链减贫模式，使得扶贫主体从分散个体转变为链条式团体，提升扶贫风险可控性。

1.2.3 文献述评

国内外学者对内生性金融方面的理论和实践研究为本书提供了坚实的研究基础。但已有关于农村金融体系的研究大部分都是从金融机构和金融供给的角度出发研究农村普惠金融机构的目标偏移、可持续发展、风险等方面以及农村金融机构发展存在的问题等。通过总结国内学者的研究发现，我们发现上述的这些问题的原因都可以归结为现行农村普惠金融的发展路径主要是政府主导的外生农村金融普惠金融发展路径，从而导致了农村普惠金融改革的低效性。发展"普惠金融"，尤其是农村普惠金融一直是学者们研究的热点课题。而内生性农村普惠金融因立足于农村本地，在降低涉农贷款交易成本、增加农村普惠金融供给总量、把普惠金融服务延伸到外生性农村金融机构触及不到的地带等方面具有比较优势，这些优势与发展农村普惠金融的理念不谋而合。已有的理论研究和实践告诉我们，政府主导的强制外生性金融改革效率较低，必须对现行农村金融体系改革进行改革：即从由上而下的反映政府利益偏好的强制性改革模式转化为由下而上的体现需求主体利益偏好的内生性、诱导性改革模式，也即农村普惠金融体系构建由外生主导型转变为内外生双向主导型，即走内外兼容性农村普惠金融发展路径对促进我国农村普惠金融体系的构建具有重要的理论和现实意义。另外，国内外学者对于数字普惠金融进行了相关研究，为本书提供了丰富的研究基础。国内学者对我国农村数字普惠金融的发展进行了研究，本书将通过定性分析对我国农村数字普惠金融发展的现状、问题进行研究的基础上，对农村数字普惠金融发展水平及不同地区之间的发展水平差异的比较研究。

1.3 研究思路

本书基于对农村普惠金融的关注，第一部分首先对农村普惠金融理论进行梳理；第二部分对我国农村金融发展的历程进行梳理，并总结我国外生主导下的农村金融发展特征，对我国农村普惠金融发展的情况进行调研分析；在此基础上，第三部分选取中部六省的相关数据对我国外生主导模式下的农村普惠金融发展水平进行测定，并对影响我国农村普惠金融发展水平的因素进行分析；第四部分、第五部分对外生主导模式化下我国农村农户金融信贷供求状况以及外生金融信贷供求的适应性进行分析；第六部分则基于农户视角的对外生主导下的农村金融排斥影响因素进行实证分析；第七部分对我国内生性农村普惠金融发展状况及其面临的困境进行分析；第八部分提出我国农村普惠金融的发展路径，即走内外生兼容性农村普惠金融发展路径；第九部分提出内外生兼容性农村普惠金融发展路径的实现保障措施；第十部分对我国农村数字普惠金融发展状况及问题进行分析，并提出如何进一步提升我国农村数字普惠金融发展水平的对策建议。

1.4　研究方法

（1）逻辑与历史相结合方法。本书通过对近年来对农村普惠金融发展、农村普惠金融成长路径等历史文献的梳理，交叉整合两方面的研究，分析我国农村普惠金融发展情况、我国外生主导发展路径下农村普惠金融发展的水平及影响因素等问题，通过对其制约条件的分析和描述，引出我国农村普惠金融发展的逻辑起点，进而分析我国农村普惠金融发展路径选择等问题。

（2）归纳分析法。本书将穿插运用归纳分析法，对农村信贷有效供给、金融发展、内生金融发展等相关理论进行归纳与阐述，并且通过对我国农村普惠金融发展历程、运行情况进行考察与归纳分析，以研究我国农村普惠金融发展路径中存在的问题"是什么"，我国农村普惠金融应遵循什么样的发展路径等问题。

（3）学科交叉分析方法。利用经济学、金融学、社会学等相关理论，对我国农村外生性普惠金融发展情况展开调查，采用数理统计学的知识，对所取得的调研数据、信息等资料进行分类处理，并将其引入本课题中，以便为研究结论提供更加丰富、有理有力的论据。

（4）定性分析与定量分析法。使用定性分析法对农村普惠金融成长的相关理论进行阐述，并对我国现行外生性主导路径下的农村普惠金融发展情况进行分析；在定量研究方面，应用改良的普惠金融发展评价指数测算方法，对我国部分省份的外生性农村普惠金融发展水平进行测度；同时应用面板模型实证分析影响我国外生性农村普惠金融发展水平的因素，从中找出导致我国外生性农村普惠金融发展水平较低、地区发展水平不平衡的重要因素。

第2章 普惠金融相关理论及概念梳理

2.1 普惠金融概述

2.1.1 普惠金融理念的提出

在国际上，政府公共支出很少真正服务到贫困人群，即使有一些扶贫政策的出现，那也仅仅能在短期内缓解贫困弱势人群的生存状况。而贫困弱势人群贫困的原因多种多样，从金融与经济发展理论来看，缺少相应的金融支持是致使他们无法脱贫的深层次原因。由于金融是风险经营的行业，其准入壁垒的存在，使得一些贫困的地区完全没有金融机构，这就在客观上造成了贫困弱势群体没有办法得到金融机构提供的信贷服务和其他金融服务。贫富差距的扩大会产生一系列严重的社会问题，因此，无论是国际还是国内，都出现了许多支持扶贫脱贫的模式，这当中有政府组织的、也有民间自发组织的，但无论是救济模式还是捐赠模式，都不能最终把贫困群体真正解救出来，全世界各国需要一种可持续的、为贫困弱势群体服务的金融体系。因此在这样的背景下，普惠金融理念应运而生。

2005 年 5 月召开的构建普惠金融体系的全球会议上，关于构建普惠金融的磋商达到高峰，该会议的成果是正式提出了"构建普惠金融体系"，普惠金融的核心是指能有效、全方位地为社会所有阶层和群体提供服务。由于传统金融体系倾向于"嫌贫爱富"，难以为"贫穷者"提供有效的金融服务，因此普惠金融建设的重点是为被排斥在传统金融体系之外的弱势群体个人或机构提供金融服务。由此，构建普惠金融体系被正式提上国际日程。

我们知道，当前的金融体系并不是"普惠"的，并不能为所有人群提供平等的金融服务：相对于富人的金融服务，穷人的金融需求没有得到很好的满足；相对于大型企业的资金供求状况，中小企业融资难问题一直没有得到很好的解决；相对于东部经济发达地区的金融业，西部地区金融发展较为落后；相对于城市金融的发展，农村金融发展严重滞后；普惠金融继承了小额信贷和微型金融作为"最有效扶贫"金融机构的美称，同时它又超越了小额信贷和微型金融。目前，全球有超过 10 亿的人并未真正享受到便利的可持续的金融服务，说明小额信贷和微型金融仍不同程度地被边缘化，因此，只有将服务于贫困人口的金融服务纳入国家的整体金融服务体系中来，小额信贷和微型金融才有可能得到大规模可持续性发展，这种融合过程即是建立普惠金融体系的过程。

2.1.2　普惠金融内涵及特点

普惠金融源于英文：Inclusive Financial System，也有学者将其翻译为包容性金融，基本含义是能有效、全方位为社会所有阶层和群体提供金融服务，特别是要满足弱势群体的金融服务需求。即为那些难以从正规金融机构获得信贷支持而又具有一定的收入来源和偿付能力的群体提供信贷支持，这是一种在传统正规金融体系之外发展起来的金融方式。普惠金融是为社会所有人，特别是为低收入和贫困人口提供金融服务的金融服务体系，是让所获得的金融服务体现出实惠的特点，而非救济和施舍。普惠金融强调的是一种可持续的金融发展模式，即通过"造血"的方式，让社会弱势群体得到金融服务的实惠。根据普惠金融的内涵，我们总结出普惠金融具有以下特点：

（1）体现"金融权也是人权"思想。普惠金融体现的是一种和谐金融的理念，体现了"金融权也是人权"的思想，普惠金融的核心理念在于强调一切有金融服务需求的群体都应享有金融服务的平等机会，其实质是信贷获得权的公平、金融融资和投资权的公平。

（2）强调普惠性质。普惠金融的理念是要满足所有对金融服务有需求的人群，包括了穷人也包括了富人，普惠金融的理念是所有对金融有需求的人都可以平等地享受金融服务，所有人都能以可以承担的成本获得金融服务，有效地参加到社会经济活动中，进而实现全社会的均衡发展。

（3）强调金融机构广泛参与。普惠金融目标的实现有赖于各层次多元化的金融服务提供者。普惠金融不只是个别扶贫机构或某些类型的小额信贷机构的工作，而是所有金融机构以各种形式广泛参与的系统。

2.2　农村金融理论

2.2.1　农业信贷补贴论

信贷补贴理论（Subsidezed Credit Paradigm），又叫作农业融资理论。在凯恩斯主流经济学的国家干预主义的影响下，强调政府补贴的作用。信贷补贴理论假设农户，特别是贫困的农户是不具备储蓄的能力的，而且农村普遍面临着借贷不足的问题。由于农业产业自身的天然弱质：自然风险、周期、收益率等问题，致使商业性金融退出农村领域。因此，财政成为农村资金需求的主要提供者，政府通过设立专门的且非营利性质的金融机构来提供农业资金的支持，特别强调了农村政策性金融供给的重要性。农业信贷补贴理论还认为农业信贷的利率应该低于其他产业利率，政府应对农村金融机构实施补贴。

当时在这种农村金融范式影响下，全世界的农村金融市场都受到政府的干预。向农业部门的信贷资金投入有所增加，在一定程度上促进了农业生产的增长，但也产生了严重不良影响。过低的利率上限和农村金融高交易成本相遇时，信贷配给产生了，补贴的信贷资金更偏重于大农户，贫困的农民反而得不到资金支持。由于农民缺乏储蓄的激励，这使得信贷机构无法扩充自己的资金来源，从而给农业信贷带来巨大财政压力；另外，机构监督借款者投资与还款的激励不足，信贷还款得不到保障，运行效率差。

2.2.2　农村金融市场论

20 世纪 70 年代以来，随着"滞胀"危机的困扰，凯恩斯经济学派主张的政府干预逐渐站不住脚，此时，新古典经济学重新抬头。有关农村金融发展的观点也发生变化，农村金融市场论开始出现。农村金融市场论支持麦金农和肖的金融压抑的观点，认为低利率抑制了金融的发展；并且认为农村居民是有储蓄能力的，低利率会妨碍其向金融机构存款。过度的外部依存度是农村金融机构债务偿还水平低的重要因素。对于民间金融（商业金融），金融市场论也有相关阐述，由于农村金融交易的高成本和高风险，所以与之相对的民间金融（商业金融）的高利率水平是理所当然的。

但经过实践发现，农村金融市场论也仅仅是在农村局部市场或对特定市场起作用。因为在一般情况下，农民的贷款需求规模较小。从而，商业化金融机构向农村提供金融服务的交易成本较高，导致其不愿意或较少为穷人提供信贷服务。因此，在农村金融市场论指导下的商业化金融机构同样使得小农和穷人被信贷市场边缘化。

2.3 金融发展理论

罗纳德·麦金农的《经济发展中的货币与资本》和爱德华·肖的《经济发展中的金融深化》两本书的出版，标志着以发展中国家或地区为研究对象的金融发展理论的真正产生。罗纳德·麦金农和爱德华·肖对金融和经济发展之间的相互关系及发展中国家或地区的金融发展提出了精辟的见解，他们提出的"金融抑制"（Financial Repression）和"金融深化"（Financial Deepening）理论在经济学界引起了强烈反响，被认为是发展经济学和货币金融理论的重大突破。

2.3.1 金融抑制理论

罗纳德·麦金农认为，由于发展中国家对金融活动有着种种限制，对利率和汇率进行严格管制，致使利率和汇率发生扭曲，不能真实准确地反映资金供求关系和外汇供求。在利率被认为被压低或出现通货膨胀，抑或两者都有的情况下，一方面，利率管制导致了信贷配额，降低了信贷资金的配置效率；另一方面，货币持有者的实际收益往往很低甚至为负数，致使大量的微观经济主体不再通过持有现金、定活期存款、定期存款及储蓄存款等以货币形式进行内部积累，而转向以实物形式，其结果是银行储蓄资金进一步下降，媒介功能降低，投资减少，经济发展缓慢，该状况被罗纳德·麦金农称为"金融抑制"。

2.3.2　金融深化理论

爱德华·肖认为，金融体制与经济发展之间存在相互推动和相互制约的关系。一方面，健全的金融体制能够将储蓄资金有效地动员起来并引导到生产性投资上，从而促进经济发展；另一方面，发展良好的经济同样也可通过国民收入的提高和经济活动主体对金融服务需求的增长来刺激金融业的发展，由此形成金融与经济发展相互促进的良性循环。爱德华·肖指出，金融深化一般表现为三个层次的动态发展：一是金融增长，即金融规模不断扩大，该层次可以用指标 M2/GNP 或 FIR 来衡量；二是金融工具、金融机构的不断优化；三是金融市场机制或市场秩序的逐步健全，金融资源在市场机制的作用下得到优化配置。这三个层次的金融深化相互影响、互为因果关系。

根据罗纳德·麦金农和爱德华·肖的研究分析，适当的金融改革能有效地促进经济的增长和发展，使金融深化与经济发展形成良性循环。为了更好地解释这种良性循环，罗纳德·麦金农提出了一种经过修正的哈罗德—多马模型。在修正后的模型中，罗纳德·麦金农抛弃了储蓄倾向为一常数的假设。他指出，在经济增长中，资产组合效应将对储蓄产生影响，因而储蓄倾向是可变的，它是经济增长率的函数。

2.4　内生金融增长理论

20 世纪 80 年代中期到 90 年代，金融发展和经济增长领域出现了许多崭新的研究成果，这些理论虽然与麦金农和肖开创的金融深化理论有一定的渊源，但是在分析范式和理论架构上均有诸多相异之点。这些理论进展被学术界称为"第二代拓展模型"或者"内生金融增长模型"（Endogenous Financial Growth Models），这些模型侧重于内生经济增长和内生金融机构的分析，金融中介被明显地模型化，而不是像在第一代拓展模型中被当作简单的决定条件或者当作理所当然的外生变量来对待。在 King 和 Levine 的内生金融增长模型中，金融中介可以采取多种形式，既可以是银行，也可以是投资银行或风险投资机构，不管金融中介采取何种形式，这些金融机构都比私人投资者更有效地提供研究、评估和监督服务，同时所花费的成本也比私人投资者要低。他们提供了完整的模型来解释金融中介产生的根源和金融中介在经济中的作用，认为金融体系可以鼓励私人通过减少非生产性的有形资本的持有量将其储蓄转化为生产性的投资，而且可以通过多种途径提高投资资金的配置效率：金融体系可以产生资金的蓄积作用并因此获得更多信息，使得它们可以将资本配置到具有最高使用价值的投资用途上来，从而提高了资本的平均收益；通过为储蓄者提供流动性，可以提供更多的到期中介服务，同时可以为投资者提供长期资金，这就刺激了生产性投资；金融体系还可以提高私人投资形式的多元化，从而便于投资者分散私人项目的风险，从而鼓励了资本拥有和生产性投资。

内生金融增长模型还描述了金融抑制造成的经济后果。在 King 和 Levine 的模型中，对金融部门征收的税收对于任何给定的生产方面的增长率而言，都降低了实际利率，为企业融资和评估的较高成本降低了收益率，从而使得均衡的经济增长率降低。他们的结论仍然是对金融中介征收的歧视性税收会降低经济增长率。对金融部门征收的税收就相当于对创新行为征税，因为它降低了金融中介从为成功的企业融资当中所得到的净收益。所以内生金融增长理论对于金融抑制的经济后果的描述与麦金农和肖所创立的金融深化理论是一致的，King 和 Levine 认为："金融抑制降低了金融体系向储蓄者、企业家和生产者所提供的服务，这阻碍了经济中的创新行为，并拖慢经济增长的速度。"可以说，对"创新"和"企业家精神"的重视，是内生金融增长模型从熊彼特那里汲取的理论灵感，而金融抑制的消极后果正是在于对于创新和企业家精神的负面影响。

另外，Roubini 和 Sala－i－Martin 的内生金融增长模型对金融抑制对于经济增长的负面影响作了总结，认为"为了提高从货币创造中得到的收入，眼光短视的政府可能会选择通过压制金融部门而提高人均真实货币需求，其效果就是：这种政策往往会有降低金融部门向全社会提供的金融服务数量的倾向。那么，给定投入的总体存量，产出的总数量将被降低。这将降低金融部门所积聚的资本投入（诸如私人有形资本、私人人力资本或者公共资本）的边际产品，结果造成稳定状态下的增长率降低"。

内生金融增长模型不但对私人证券投资行为提供了严格的分析，而且还揭示了由居民户证券投资行为而产生的金融中介加速经济增长的内在机制。在这里，把内生增长模型与金融中介行为结合起来进行分析，就可以看出，由于金融中介的作用，厂商投资的数量和质量都有所提高，这就对整个经济产生了外部性，使所有的厂商都提高了生产效率。对于整个经济来说，这种外部性使资本不受边际收益递减的限制，因而金融中介水平的提高可以促进经济增长。但是，内生金融增长模型所探讨的是稳定状态下的金融发展，而对于金融条件发生变化情况下的动态变迁路径没有提供任何深入的分析，这是内生金融增长模型的不足之处。

2.5 内生性金融与外生性金融概念界定

本项目将研究我国农村普惠金融发展路径问题，即探讨外生性金融发展路径及内生性金融发展路径等问题。在此先行对外生性金融与内生性金融进行相关内涵的界定，为后文做铺垫。

张杰（2003）认为，内生金融是在客观供求刺激下民间自发组织形成的，为民间经济融通资金的所有非公有经济成分的资金运动。这实际上直接将农村非正规金融混淆为内生金融。学者对不同层面的农村金融概念混淆不清的问题，导致已有研究无法有效解释我国非正规金融为何在政策环境不佳的背景下仍能长期、广泛存在，也不能充分解释为什么政府明文鼓励的正规金融日渐背离农村经济。实际上，金融的二元化分类有多种分类方法或标准。与非正规金融相对应的概念应该是正规金融；与内生金融概念相对应的是外生金融；与农村金融相对应的是城市金融。正如一些学者所指出的那样，内生性不是区分正规金融与非正规金融的依据，其划分标准在于是否在金融当局的监管范围之内，正规金融也可能具有内生性的特征。正如周治富（2014）认为的，内生与外生是相对于政府而言的，"内生性金融"是随着经济社会的发展和制度条件的改善，由经济体中的微观经济主体创办的，是由微观经济主体经过博弈所形成的具有均衡性质的金融制度。其核心特征在于"自下而上"的产生，具有高度的内生性，且与国家发起设立的金融机构具有显著区别。其对金融机构内生与外生的划分重在考察金融机构的动态发展历程而非静态表现，因而单纯地看金融机构的正规化程度或者金融机构的资本构成，并不能判断该金融机构或者金融制度是内生还是外生的。

在以往学者对内生性金融与外生性金融相关内涵的界定基础上，本书将内生性金融与外生性金融界定为：内生性金融是指在市场客观供求刺激下，由社会、经济体系的内部因素所决定，基于微观经济主体的参与和贡献，通过诱致性制度变迁，自下而上内生出的金融活动、金融组织、金融制度、金融体系的统称。内生性金融的主要作用是提升金融资源的配置效率，促进农村金融供给和需求的有效匹配。外生性金融是指由各层面的政府主导，由政府宏观政策或产业政策所决定，通过强制性制度变革，自上而下产生的金融活动或金融机构，外生性金融的主要作用是增加金融资源的初始投入。

第3章　我国农村金融发展起点：外生性金融

我国农村金融发展的初始条件是高度集权的政治经济秩序和大一统的农村经济发展体系。在这样的制度背景下，政府在农村金融资源的配置过程中居于绝对的主导地位。这样的初始条件就决定了在我国农村金融演进的取向、深度、广度、速度和战略选择等方面，政府的意愿和资源调动能力几乎起到绝对的主导作用。从我国农村金融的发展历史看，我国农村金融的演进是在政府行政力量的外生推动下，经历了恢复农村信用社、设立农业银行、合并农业银行和农村信用社、重新设立农业银行以及农村信用社与农业银行脱钩等发展历程，发展到现在，我国农村金融基本形成了以农业发展银行—农业银行—农村信用社为主体框架的农村外生性金融服务体系。

3.1　农村外生性金融的发展历程

3.1.1　农村金融体系的初建时期（1949～1978 年）

农村的几次土地改革使农民翻身做了土地的主人，这为农村金融的发展打下了坚实的制度基础。农户因为有了自己的土地，自然就有扩大生产的需求。此时农户自有的资金不能满足扩大生产的需要，因而农村高利贷开始出现。为了更好地满足农户扩大生产的金融需求，1951 年中国人民银行下发《农村信用合作社章程准则（草案）》和《农村信用互助小组公约（草案）》，明确了信用合作组织形式可以多样化，如采用信用社、信用部、信用小组、借贷介绍所、合会等，信用社的性质是农民自己的资金互助组织，不以营利为主要目的，贷款应先贷给社员、组员；信用合作组织实行民主管理，社员（代表）大会是最高权力机构；盈利优先提取公积金、公益金和教育基金，社员股金以不分红为原则，以积累资金扩大业务，如分红不能超过20%或以不超过一年存款利息所得为限；银行以低息贷款扶持信用社发展。由此可见，开始时我国农村信用社的经营目标、管理体制、分配原则基本上符合国际通行的合作制原则。在政府有利的政策指导下，农村地区的信用合作蓬勃开展起来。据统计，截止到1957年，全国农村信用合作社覆盖了全国80%的乡镇。由于各种因素的影响，农村金融发展缓慢。直到1978年，全中国迎来了新的发展机遇，农村金融体系才开始逐步发展。

为了贯彻国家关于增加对农业合作化信贷支援的要求，根据当时农业生产发展情况和参照苏联做法，经国务院批准，1955年3月成立中国农业银行。其任务主要是办理财政支农拨款和农业长期贷款与短期贷款，贷款对象主要限于生产合作组织和个体农民，贷款用途限于农业生产，其他农村金融业务仍由人民银行办理。1957年4月，国务院决定将中国农业银行与中国人民银行合并（熊桓，2010）。

合并后的农业银行无力开展农村的资金信贷工作，同时也影响了国家支农资金的运用。因此为了加强国家对支农资金的统一管理和农村各项资金的统筹安排，防止浪费资金和挪用资金现象的发生，1963年11月9日，经全国人大批准，政府再次分离出中国农业银行，将其作为国务院的直属机构，由其领导农村信用合作社。分离后的农业银行运行时间不长，又于1965年11月再次与中国人民银行合并。直到1979年农业银行再没有取得独立地位，一直作为中国人民银行的组成部分。

农业银行之所以屡次被人民银行合并，实际上与其政策功能定位有密切关系，在当时我国农村金融机构设立一直是计划经济体系下的产物，是中央集权制度下的外生性金融机构，其功能定位就是为政府的支农政策服务，农业银行的设立和撤销只是为了政府某一具体政策目标的实现，其设立、合并对农村金融市场并无实质性影响。

3.1.2 发展复苏大力扩展阶段（1979～1993年）

1979～1984年，为适应快速发展的社会主义经济，促进多种渠道对农村经济的支持力度，中央不断颁布新政策用于农村经济的发展。1979 年 2 月，对农业银行做了具体的规定，作为对我国农村经济支持的主要力量，并把农业银行作为农村信用社的上级机构，并指导农村信用社的发展。同时，规定了农村信用社是以服务三农为主要目标的农村金融机构。这样，农业银行在农村经济中占据了主导力量。通过一系列的政策调整和支持后，农村经济得到了极大增加，各项事业得到了巨大发展。

经过前面几个阶段的快速发展之后，我国不断扩大农村金融的发展，1986年底将邮政储蓄业务定为邮政企业的业务，邮政储蓄成为农村经济发展中的一个重要力量。同时，对农村民间信用的管制逐渐放开，允许民间自由借贷，积极兴办农村保险事业，允许多种投融资发展模式，不断补充农村经济快速发展过程中的资金需求。同时，各银行也加大了进军农村市场的步伐，一些财务公司、保险公司也将触角伸向了农村，农村金融市场形成多种金融机构并存发展的良好局面（杜巍，2011）。

在此期间，农村信用社改革逐步推进的同时，国家在改革初期也迅速地扩张了国有农村金融体系，以工、农、中、建为代表的全部国有银行纷纷将基层机构延伸到广大的中小城市和乡村地区。毋庸置疑，在改革初期，国有专业银行向农村基层地区的扩展是国家基于控制农村金融剩余的考虑而主动进行的农村金融安排，但是国有金融机构纷纷在农村地区设立经营机构，在客观上也扩大了农村金融服务覆盖的范围，活跃了农村金融市场。在政府主导的农村外生金融安排下，全国农村地区的大部分金融剩余基本被各金融机构吸收并转移了。为了保证农村外生金融安排的顺利运行，国家又制定了严厉的管制措施不容许其他资本进入农村金融市场。在这样的条件下，农村的民间金融形式长期以来便只能在灰色的乃至黑色的角落里生存。

3.1.3　补充完善深化改革发展阶段（1994～2002 年）

在此阶段，为了更好地促进农村经济的发展，明确农村金融机构的支农地位，形成有条理的农支力量，国务院出台政策逐步将农村信用社从农业银行中脱离出来，有步骤地组建农村信用社各级机构，将各专业银行办成真正的国有银行。农村金融市场改革初露端倪，四大国有银行纷纷撤离农村市场，将农业发展银行发展成专门从事与农产品发展相关的政策性银行（杜巍，2011）。

在四大国有银行逐步退出农村金融市场以后，为了保证农民资金借贷活动的顺利进行，国务院在 1993 年 12 月提出，根据农村商品经济的需要，在农村信用联社的基础上，有步骤地组建农村合作银行。要制定《农村合作银行条例》，并先将农村信用社从中国农业银行中独立出来，办成基层信用社的联合组织。农村合作银行目前只在县（含县）以下地区组建。在这一方针的指引下，1996 年，根据国务院《关于农村金融体制改革的决定》，农村信用社与农业银行彻底脱离行政隶属关系，农村信用社成为一个真正独立的农村金融组织，农业银行不再对其承担行政管理职能，而由中国人民银行接管。"行社分离"的改革使农村信用社不再是农业银行的基层机构，拥有了更多的经营自主权。但是，由于缺乏农民的实质性参与，脱钩后的农村信用社并没有真正转变成合作制金融组织，却越来越凸显出"官办金融"的特点。这一阶段我国农村金融的改革只是搭建了一个形式上完善的农村金融服务框架，在本质上与真正成熟的农村金融服务体系相去甚远。改革的目的还没有达到，因此新一轮的农村金融改革势在必行。

3.1.4 农村金融增量改革阶段（2003 年至今）

为了更好地促进农村经济的发展，将更多资金流向农村市场，推进新农村建设的步伐，进入 21 世纪以来，我国政府不断进行农村金融体系改革深化。从 2003 年以来，国家不断对农村信用社进行改革，要求农村信用社不断明晰产权，确定支农目标。2003 年 6 月，国务院出台《深化农村信用社改革试点方案》，试点工作已在浙江、山东、江西、贵州、吉林、重庆、陕西、江苏 8 个省（直辖市）正式启动，这标志着农村信用社改革进入新的阶段。2004 年《关于进一步深化农村信用社改革试点的意见》中扩大了改革试点范围，2005 年 1 月《中共中央　国务院关于进一步加强农村工作提高农业综合生产能力若干政策的意见》要求继续深化农村信用社改革，发挥其在农村金融的主力军作用。可以说，农村信用社的改革目标是把它建立成为产权清晰的农村社区性地方金融机构，使其成为农村金融机构的主力军。由于长期以来农村信用社的官办和行政色彩，2003 年改革方案又把农村信用社交给地方管理，由银保监会负责行业监督，其合作金融的"自愿、互助、互利、民主和低营利性"的性质体现不多。但它在农村正规金融中的主力军作用却是实实在在的，2002 年农村信用社发放的农业贷款占全部正规金融机构发放农业贷款的 78%，农户贷款占全部正规金融机构农户贷款总额的 95%（匡家在，2007）。

　　农村金融体制改革初步形成了以农村信用社为主、农业银行和农业发展银行分工合作的农村正规金融体系格局，但也存在不少问题。对农村融资来讲，严重的问题是资金供给不足，农村"失血"的局面在延续和加剧。2002 年底，全国农村信用社的各项贷款中，农业贷款仅占 40.5%，农村资金供给严重不足，与之相对应的是信用社存款总量不断上涨，这意味着，农村信用社的存款资金有超过 50% 的比例没有投入到本土的农村建设当中，而是流出了农村。这其中一个重要的原因就是在这一时期的农村金融体制改革中，我国民间金融等内生性金融及其融资处于压制状态。民间金融（又称为非正规金融，这属于内生性金融的一部分）的发展和融资处于压制状态。

　　这一状态得到政府高层的重视，2006 年末，为了从根本上解决农村金融问题，以"降低门槛，严格监管"为主要内容的第三次农村金融改革正式浮出水面。"降低门槛"的含义是指政府调低了农村新设金融机构的注册资本。农村新设的农村金融机构主要包括三类：一是村镇银行。县（市）级村镇银行，其注册资本不得低于人民币 300 万元；乡（镇）级村镇银行，其注册资本不得低于人民币 100 万元。二是信用合作组织。乡（镇）级信用合作组织，注册资本不得低于 30 万元；行政村的信用合作组织，注册资本不得低于 10 万元。三是商业银行和农村合作银行设立的专营贷款业务的全资子公司，其注册资本不得低于人民币 50 万元。政府在这一轮农村金融改革的过程中，试图通过"降低门槛，严格监管"的措施，向各种社会资本开放农村市场，彻底解决农村资金不足的问题。经过近 10 年的农村金融增量改革，初见成效，截止到 2017 年底，全国共组建新型农村金融机构，村镇银行 1601 家，小额贷款公司 8551 家，仅有 49 家农村资金互助社（内生性金融组织）。截至 2014 年底，全国金融机构空白乡镇从启动时（2009 年 10 月）的 2945 个减少到 1570 个；实现乡镇金融机构和乡镇基础金融服务双覆盖的省份（含计划单列市）从 2009 年 10 月的 9 个增加到 25 个（含计划单列市），实现了机构全覆盖。所有省份均已实现乡镇基础金融服务全覆盖，偏远农村地区金融服务发生了历史性变化。新型农村金融机构的出现，提高了农村金融市场的竞争程度和运行效率，填补了部分地区农村金融服务空白，对提升农村金融服务水平发挥了积极作用。

3.1.5 数字普惠金融发展阶段（2012 年至今）

数字普惠金融衍生于普惠金融，普惠金融第一次于 2005 年联合国国际小额信贷年提出。会上定义普惠金融是一个能全面、有效、便捷地为所有处于社会不同阶级有金融需求的群体提供平等金融服务的金融体系，尤其是难以通过传统金融系统获得金融服务的阶层人民。国务院在 2015 年的《推进普惠金融发展规划（2016—2020 年）》中首次从国家层面说明"普惠金融"的内涵：在保持商业可持续性原则和机会平等的基础上，提升扶持政策力度，加快提高金融基础设施水平，从而建全金融体系，让所有社会阶层和群体满足他们的金融需求，同时保证获得的金融服务是可负担的、适当的、有效的。可以得出，普惠金融有四个内生性要求，即可负担性、全面性、可获得性和商业可持续性，普惠金融在中国金融业发展中有着重要的战略地位。

随着数字信息技术与金融业的充分结合发展，金融的交易形式和产品类型在不停创新。数字普惠金融首次于 2016 年，被 G20 普惠金融全球合作伙伴在杭州 G20 峰会报告中提出，数字普惠金融被其定义为所有通过数字信息技术来得到金融服务并有利于普惠金融发展的举措，包括使用通信服务、移动网络、大数据、人工智能等数字科技为原本缺乏或者无处获得金融服务的阶层提供合规的转账支付、信贷、证券、保险、理财投资等金融服务，以负责任、客户成本可负担的方式满足之前被金融排斥的群体的金融需求，并且对金融服务供应商来说这种方式是商业可持续的。《2016 数字普惠金融白皮书》列举数字普惠金融可能的发展模式，数字普惠金融的发展被它列举为两种，一种是由新兴金融机构提供的渗透率更高的互联网金融服务，另一种是传统金融机构将数字科技融入现有金融产品进行创新。贝多广在《超越普惠金融》（2018）列举了在普惠金融领域数字技术的各种应用、数字技术解决普惠金融的主要痛点，梳理了形成的典型数字金融产品并对提升普惠金融的表现进行了归纳总结（见表 3 - 1）。

表 3 - 1   数字普惠金融主要依托的数字技术及优势

数字技术	解决的主要痛点	典型数字金融产品	提升普惠金融能力的主要表现
数字通信技术	物理网点覆盖不足	网上支付、O2O 支付、网上证券经纪业务	扩大金融网络中客户群体范围
移动互联网			提升了金融服务的可触性

续表

数字技术	解决的主要痛点	典型数字金融产品	提升普惠金融能力的主要表现
云计算	提高了风险处理能力，减少信息不对称性和风险不确定性	P2P 网络借贷、供应链金融、互联网小额贷款、UBS 保险	小微企业和个人的征信水平提升
大数据			提升风控能力和方式，融资范围得到扩展
人工智能	克服了信息不透明、人工主观误差等	智能投顾、机器客服	原本针对高净值客户的金融服务普及至普通客户群体
区块链	创建新的信任机制，克服金融机构"中心化"问题	数字货币、分布式资产交易平台	金融消费者主权获得保护

资料来源：贝多广，莫秀根. 超越普惠金融［M］. 北京：中国金融出版社，2018.

从表 3 - 1 中能发现，数字普惠金融的特征有客户大众化、风险管理数据化、交易成本低以及服务覆盖广这四点。相比普惠金融过去的发展模式，数字普惠金融的特殊性体现在 AI 智能、大数据等前沿科技的应用，传统物理网点的种种限制被打破，实现普惠金融场景化、平台化和综合化发展，发展满足商业价值和社会价值，实现普惠金融可持续性发展。

3.2　我国农村外生性金融发展路径特征

3.2.1　沿袭体制内政府主导的外生性金融体系

我国的农村金融改革，从最初的农村信用社纳入农业银行开始，到政策性银行农业发展银行的成立，农村信用社和农业银行脱钩，此后，基本上都是以农村信用社为核心的农村金融体制改革，所有这些都是沿着体制内的政府主导外生性金融体系和机构进行改革，其重要目标之一是把农村信用社改造成为农村社区性金融组织。而对政府主导下的外生性金融体制外的非正规金融、内生性金融采取抑制的政策。这种改革路径与整个中国经济采取的体制外先行的改革战略是不同的。中国农村金融改革的路径遵循政府主导外生性路径依赖特征更加明显。由于体制内政府主导外生性金融体系改革目标是多元的，在走向市场的过程中，一方面要商业化，另一方面要承担政策性的支农任务（前面的农业银行和后来的农村信用社都是这样），同时还要维持农村的金融稳定，加上信息的不对称，使得这些政府主导下的外生性的金融机构存在着明显的逆向选择和比较严重的道德风险。经营成本高，呆坏账居高不下，机制转换步履维艰，最终落得"一农难支三农"的结局。因此，我国农村金融制度供给的现实情况是政府主导下的外生性金融处于合法的供给垄断地位，而民间社区性、内生性的金融发展受到抑制甚至打压的局面。而我国农村金融需求很大，而能够深度满足其需求的内生性金融供给（包括制度供给）严重短缺。根据全国农村固定观察点对 2 万多农户的贷款结构调查，2003 年，农户借款中银行信用社贷款占 32.7％，私人借款占 65.97％，其他借款占 1.24％。这与 1995 年的借贷相比变化很小（数据来源：主要依据 2003 年全国农村固定观察点常规调查资料）。可见，农村民间借贷或融资仍是农户借款的主要来源。因此，这种政府主导下的外生性农村金融体系压制非正规金融、内生性金融的农村金融体系已经到了非改不可的地步。

3.2.2　以自上而下的强制性制度变迁路径为主

我国农村金融的发展注重自上而下的强制性制度变迁，压制自下而上的诱致性制度创新。我国农村金融机构的改革是政府主导下的强制性自上而下的机构演进路径，属于强制性的制度变迁，而自下而上的诱致性制度变迁的创新路径被严重堵塞。其实，在农村金融市场上，存在多种多样的内生性（非正规）的融资形式和制度，随着形势的发展不断地演进和变迁。根据一些农村调查资料表明，在我国农村金融市场上，非正规融资占了我国农村融资绝大比重，有效地缓解着农村经济对资金的饥渴，在很大程度上担当起农村资源配置的功能。虽然人们对于非正规金融的高利贷多有诟病，但是在正规融资供给严重不足的情况下，高利贷现象的存在其实是市场对农村融资供求状况的某种真实反映。由于金融的重要性和敏感性，政府为将其牢牢掌控，即便对外生性（以正规金融为主）的农村金融体系，也存在过度干预的行为。这基于几方面的原因：一方面，基于农村现行的外生性金融体系，其实都是在政府意识主导下建立的，政府对外生性金融存在过度偏爱，在保持对其控制的同时，维持外生性金融的垄断地位和既得利益；另一方面，为防止内生性金融（以非正规金融为主）的竞争，对其存在和发展，设置很高的交易成本和进入壁垒，最后将其置于非法的地位，解除自己对防范非正规金融风险的责任（但民间金融的融资风险并没有消除，仍然存在）。

政府在农村金融市场上的抑制政策，使政府主导的强制性制度变迁的色彩尤其浓厚，也可以说是以政府主导的强制性制度变迁排斥压制自下而上的诱致性制度变迁。而且，这种路径的依赖和演进，与我国农村经济体制的自下而上的诱致性制度变迁路径背道而驰。政府主导下的外生性金融机构成为农村金融体制唯一合法的供给主体，导致内生于广大农村融资中的内生性金融组织和制度的变迁成本高昂，不能得到合理的演进和正常的发展，农村金融制度创新中自下而上的变迁路径被堵塞了。其结果是农村金融市场融资制度供给严重不足，而农村融资需求呈现多样性和层次性，制度需求和供给（包括量和结构）不均衡。这种状况与农村金融体制改革和创新的要求很不适应。从政府主导外生性金融机构的强制性制度演进，外生性地培育农村金融组织，从目前看，其难度绝不亚于放松对农村金融管制，扶持、规范内生于农村经济母体中的金融组织。

3.2.3　重视金融机构数量改革，忽视农村金融体制功能建设

改革开放四十多年以来，我国农村金融改革总体更加注重的是机构增量改革而忽视了体制功能建设。我国农村金融改革以存量金融机构改革为主，改革模式多采取"一刀切"形式，增量机构改革表现得既不突出也没有连续性，改革的进度更多地停留在示例层面。很长时间以来，这一做法都没有得到根本上的纠正。存量机构改革多局限在政策性业务和商业性业务在农村信用社、农业银行和农业发展银行三者之间的数量增减上。另一个显著特点就是无论怎么改革，都是局限在金融机构本身的数量改革上。围绕金融机构改革，政府出台的举措不少，但效果不突出。我国的金融机构体系比较庞大，且绝大多数是国有金融或准国有金融机构，对广大分散的农村经济主体进行融资，成本很高，在防范风险的考虑下，这些农村金融机构融资的门槛也比较高，相对于民间借贷而言，融资的效率又比较低。因此，上述这些农村金融机构长久不愿放贷，农户只能从民间渠道借贷。1999 年以来我国国有金融机构从农村撤并网点，收缩农村金融机构网点是其走向市场化过程中的必然选择，无可厚非。而作为农村金融改革重心，农村信用合作社的定位是农村社区性金融组织，但合作社的自愿、互助和民主管理的性质异常薄弱，脱离农村的倾向十分明显。其实，金融最重要的功能就是融通资

我国农村普惠金融发展问题研究

金，配置资源。实际上，融资的一个基本原则就是以较低的成本实现效益最大化。允许适合广大农村经济主体的内生性中小微型金融机构的建立和发展，合理解决民间融资问题，建立竞争性的农村普惠金融市场势在必行。

3.3 我国农村外生性普惠金融发展情况

我国现行农村外生性普惠金融机构主要包括政策性银行、大型商业银行、邮政储蓄银行和农村信用社、村镇银行、小额贷款公司等，本书选取了几个具有代表性的涉农银行机构，包括中国农业发展银行、中国农业银行、中国邮政储蓄银行、农村信用合作社、村镇银行、小额贷款公司等外生性农村普惠金融机构进行分析。

3.3.1 中国农业发展银行农村普惠金融发展情况

作为我国唯一一家农业政策性银行，中国农业发展银行（简称"农发行"）以国家信用为基础，筹集支农资金，承担国家规定的农业政策性金融业务，代理财政支农资金的拨付，支持"三农"发展和建设，推进脱贫攻坚，发挥着国家战略支撑的作用。以扶贫为例，如 2016 年，农发行根据国家脱贫攻坚有关规划，编制了《中国农业发展银行政策性金融扶贫五年规划》，未来五年要重点支持全国 839 个贫困县和 7000 万贫困人口，投放易地扶贫搬迁贷款约 3500 亿元，投放光伏、旅游等特色产业扶贫贷款约 3600 亿元，投放生态、教育、转移就业等扶贫贷款约 2800 亿元，投放粮棉油贷款约 10000 亿元，投放农村基础设施扶贫贷款约 11000 亿元。

从网点分布来看，农发行在全国 22 个扶贫重点省份设立了扶贫业务处，有扶贫任务的二级分行设立扶贫业务部，并且在 839 个国家级贫困县依托农发行机构设立扶贫金融事业部，实现了贫困地区政策性金融服务机构全覆盖。

从服务对象来看，农发行的重点服务领域是农业农村基础设施项目、产业发展（如龙头企业）项目、异地扶贫搬迁项目，具有国家政策性、战略性等特征。农发行提供贷款支持的各种项目和企业，单个项目的资金额度基本都超过了 1 亿元，单个农业龙头企业客户的贷款余额也都超过了 5000 万元。

从业务进展来看，截至 2016 年底，农发行全年累计投放农村扶贫贷款 4882.7 亿元，2016 年末精准扶贫贷款余额 9012.3 亿元。其中，发放产业精准扶贫贷款 1603 亿元，余额为 3796 亿元，带动贫困人口 220 万人次；发放易地扶贫搬迁贷款 1202 亿元，支持搬迁项目 624 个，惠及搬迁人口 668 万人，建档立卡贫困人口占比为 62%；发行扶贫专项金融债 390 亿元，普通扶贫金融债 600 亿元；发放基础设施扶贫贷款 2026 亿元，余额为 3796 亿元，服务贫困人口 7998 万人次；发放定点县贷款 31.71 亿元；与国务院扶贫办联合推动广西百色、河北保定、贵州毕节、陕西安康 4 个实验示范区建设，推动与贵州、重庆、安徽等 10 余个省级政府合作创建省级政策性金融扶贫实验示范区；发放西藏各类扶贫贷款 464.84 亿元，实现对西藏及四省藏区国家重点贫困县（区）全覆盖；支持东西部扶贫协作和"万企帮万村"精准扶贫行动，引导民营企业在贫困地区投资，打造 100 个先行示范企业。农发行与 22 个省级政府或省级扶贫开发主管部门签订了合作协议，确定了持续性的合作举措，达成扶贫贷款合作意向额度为 13380 亿元。①

3.3.2　中国农业银行农村普惠金融发展情况

自 1993 年起，把发放政策性贷款任务剥离给中国农业发展银行，以及把农村信用合作社的管理权移交给中国人民银行之后，中国农业银行（简称"农行"）成为服务"三农"的大型商业银行之一，以市场化和商业化的经营为基础，更全面地设计符合农户和农业需求的金融产品。2017 年，农行根据国家和监管部门的政策要求，制定了《普惠金融事业部建设实施方案》，建立"三农金融事业部 + 普惠金融事业"双轮驱动的普惠金融服务体系。

3.3.2.1　农业银行数字化农村普惠金融的发展情况

目前，农业银行确定推进互联网金融服务"三农"的总体思路，积极运用互联网思维和技术，以网络融资服务为重点，以网络支付结算服务为基础，以电商金融服务为支撑，创建"三农"金融服务互联网化新模式。

（1）做好网络融资。按照"线上化、批量化、便捷化、普惠化"的目标，

---

① 中国普惠金融研究院研究报告《数字普惠金融的扶贫实践》。

把"惠农 e 贷"打造成为互联网"三农"融资服务的主品牌,在此基础上,根据地域特色、产业类型和信息化程度,对农企农户进行梳理分类,深入挖掘各种可得数据,因地制宜地开展多种融资服务模式创新,着力破解农村融资难融资贵。截至 2017 年末,农行 31 家一级分行、868 家支行开办了"农银惠农 e 贷"农户贷款业务,实现农户贷款批量化、标准化投放,贷款余额达 151.8 亿元。

(2)做好农村基础金融服务的互联网化升级。顺应农村支付环境和农民支付习惯的新变化,将互联网"三农"基础金融服务与"三农"客户日常生产生活场景紧密结合,有选择性地将"惠农通"服务点互联网化升级,把"惠农通"服务点打造成多功能的综合金融服务站点,使之成为农行网点的延伸,成为线上线下相结合服务"三农"的重要支撑点,成为农行深扎在广大农村的根。

(3)做好特色农村电商金融。在尊重现有县域商贸流通基本格局的前提下,从农村超市、县域经销商、批发商、物流园、农业生产主体等已有的合作关系介入,为农业产供销链条上的各类用户提供一揽子电商服务,以"农银惠农 e 商"为依托,与农业产业化龙头企业、农产品批发市场、县域批发商、惠农服务点、农业等涉农产业链客户合作,展开"工业品下乡""农产品进城",为农业产供销链条上的用户提供电商金融服务。截至 2017 年末,平台累计上线商户 156 万户,交易金额 2492 亿元。

3.3.2.2 农业银行农村普惠金融扶贫情况

从网点分布来看,在全国,农业银行有 1 万多个机构分布在县域,有 21 万名员工长期工作在县域和农村及边缘地区。其中,边境线 2 千米以内的网点有 82 家,海拔 3500 米以上的网点有 483 家,海拔 4800 米以上的网点有 18 家。截至 2017 年末,农业银行实现对所有贫困县的物理网点覆盖,网点无法覆盖的贫困村,则以"惠农通"工程实现普惠金融服务的触达。截至 2017 年底,农行推动 24.5 万个"惠农通"服务点实现互联网升级,"惠农通"电子机具行政村覆盖率达 74.4%,767 个国家级贫困县的 17.6 万农企农户实现"触网"。从服务对象来看,农行明确服务农业、农村、农民,支持国计民生的小微企业。农业银行为小微企业信贷设计了两个额度的产品:一是授信 1000 万元以下的普惠型小微企业信贷,二是授信 500 万元以下的"微易贷"产品。从业务进展来看,截至 2017 年底,农行发放的涉农贷款余额为 30762 亿元,小微企业贷款余额 13638 亿元。其中,农业产业化龙头企业贷款余额 1517.48 亿元,农民专业合作社及社员贷款余额 228. 96 亿元；农户贷款余额 2060. 44 亿元，专业大户（家庭农场）贷款余额 656 亿元；"农民安家贷" 1820. 2 亿元；扶贫贷款 3718 亿元，支持和带动建档立卡贫困人口 665 万人。农行在 2017 年全面启动互联网金融服务"三农"的"一号工程"，在 685 个国家扶贫重点县上线"惠 e 通"电商平台，打造"农银惠农 e 贷""农银惠农 e 付""农银惠农 e 商"三大业务。"惠农 e 贷"服务了 15. 1 万户农户，贷款余额达 151. 8 亿元；"惠农 e 付"以互联网化的"惠农通"服务点为依托，提供 24. 5 万个使用场景和支付产品的服务；"惠农 e 商"为 156 万户上线商户，提供 2491. 5 亿元交易金额的服务。此外，农行还代理城乡居民养老保险 1425 个县，代理新农合 920 个县，营销涉农财政资金代理项目 5586 个，代理农村水电气等公共事业项目 9954 个。①

3.3.3　中国邮政银行农村普惠金融发展情况

2007 年，中国邮政储蓄银行（简称邮储行）从只存不贷的邮政储蓄改制而来，充分利用遍布全国的邮政网络，吸收社会闲散资金，服务"三农"、小微企业、城市社区，支持国民经济建设和社会发展。

从网点分布来看，截至 2017 年末，邮储行有近 4 万家网点、14. 3 万个助农取款点、近 12 万台自助设备在内的实体网络，服务个人客户达 5. 53 亿人。此外，邮储银行电子银行客户规模突破 2. 34 亿户，其中手机银行客户规模达 1. 75 亿户。

从服务对象来看，邮储行的小微信贷专属产品接近 60 个，户均年贷款不足百万元，处同业最低水平，远低于全国平均 280 万元的水平。此外，涉农小额贷款笔均 6 万余元。

从业务进展来看，截至 2017 年末，邮储行的消费信贷余额达到 1. 41 万亿元，当年累计发放小微企业贷款 7607. 52 亿元，涉农贷款余额是 1. 05 万亿元。此外，截至 2017 年 9 月末，邮储行金融精准扶贫贷款余额是 421 亿元。②

3.3.4　农村信用合作社农村普惠金融发展情况

截至 2017 年末，全国共组建以县（市）为单位的统一法人农村信用社（简

---

①② 中国普惠金融研究院研究报告《数字普惠金融的扶贫实践》。

称农信社）907 家，农村商业银行（简称农商行）1262 家，农村合作银行（简称农合行）33 家。

实际上，中国的农村信用社、农村商业银行、农村合作银行在实践与改革的基础上产生了千丝万缕的联系。中国的农村信用合作制度起源于 20 世纪 50 年代初，中国农信社经历了从社员所有并掌控的独立实体阶段，到中国农业银行行政管理阶段，到清理不良贷款阶段，到恢复其商业性和合作性质，以及脱离农行分支与办事处的行政隶属关系的改革阶段，到重回央行、银保监会管理阶段，再到股份制改革阶段。图 3-1 数据显示，农村信用社和农村合作银行的数量逐年递减，符合银保监会提出的基本改制思路，即将符合条件的农村合作银行和农村信用社改制为农村商业银行。

图 3-1　2009~2017 年我国农信社各种机构发展状况

数据来源：根据银保监会网站、中国人民银行网站资料整理。

从服务对象看，根据 2014 年的数据显示，我国农信社的农户贷款余额是 3.39 万亿元，持有其贷款的农户 4236 万户，平均单户贷款余额 8 万元，比 2013 年提高了 1.3 万元。从业务进展看，截至 2017 年末，我国农信社各项存贷款余额分别为 27.2 万亿元和 15.0 万亿元。其中，涉农贷款余额为 9.0 万亿元，占全部银行业金融机构涉农贷款余额 30.95 万亿元的 29%；农户贷款余额为 4.4 万亿元，占全部农户贷款余额 8.11 万亿元的 54%。这三类新型农村金融机构各有侧重点，资金来源差异进一步影响着其运营管理过程，但从总体上看，它们兼具政策性、商业性和合作互助性特征，在政策设计层面也认识到机构财务可持续性是这些新型金融机构服务"三农"、缓解贫困、发展农村普惠金融的基础。[①]

3.3.5　我国村镇银行农村普惠金融发展情况

作为实现农村普惠金融的重要载体，新型农村金融机构的发展有力地推进了乡镇金融服务空白解决进度和农村资金回流速度，展现出对"三农"和社会主义新农村建设的积极效应。新型农村金融机构及其商业性色彩浓厚的小额信贷模式不仅被寄托着弥补农村金融供给不足、提高农村金融竞争力、改善农村金融市场效率等目标，还蕴含着缓和普通农户融资难、向贫困宣战等"普惠金融"理念，具有"覆盖面""持续性"和"缓解贫困效应"等宗旨，并且是在事实上推动"普惠金融"从理念落实为具体行动，其关键就是小额信贷与普惠金融之间存在的关联。目前我国农村新型金融机构主要有三类：村镇银行、小额贷款公司、农村资金互助社，其中村镇银行及小额贷款公司属于外生性农村普惠金融机构，而农村资金互助社属于内生性农村普惠金融机构。

村镇银行是新型农村金融机构的主体构成，它被界定为：经银行业监督管理委员会批准的，由境内外金融机构、境内非金融机构企业法人、境内自然人出资，在农村地区设立的，主要为当地农民、农业和农村经济发展提供金融服务的银行业金融机构。特别是相关政策规定：在适宜农村产业、工商业、专业户发达集中，而现有银行业金融机构网点少、融资力量薄弱、金融服务不能满足的县域和村镇，可由现有的商业银行联合当地城乡企业和自然人共同出资组建股份制村镇银行。这类村镇银行拥有一系列独特优势，包括金融机构专业人员、经营商业银行的专业知识经验、了解客户和企业对融资的特定需求，当地投资者熟悉当地环境、人文情况与贷款申请者的信用状况，可以在一定程度上降低经营风险。

2006 年 12 月，银保监会出台《关于调整放宽农村地区银行业金融机构准入政策，更好支持社会主义新农村建设的若干意见》，支持在湖北、四川、吉林等6 个省（区）的农村地区设立村镇银行试点，全国村镇银行试点工作就此启动。2007 年 3 月，第一家村镇银行在四川仪陇县成立。至今，村镇银行走过了 10 多

---

① 中国普惠金融研究院研究报告《数字普惠金融的扶贫实践》。

年的发展历程，村镇银行扎根县域、农村、牧区，为所在区域农民、农业、农村经济发展提供金融服务。

从银保监会官网获悉，截至 2017 年末，村镇银行机构组建数量已达 1601 家，其中中西部地区机构占比 65%，已覆盖全国 31 个省份的 1247 个县（市、旗），县域覆盖率达 68%；全国 758 个国定贫困县和连片特困地区所辖县市中，有 416 个（占比 55%）县市已设立或已备案规划拟设村镇银行。从服务对象看，截至 2017 年末，村镇银行累计为 634 万客户发放贷款 1024 万笔，累计放款 4.4 万亿元，户均贷款 37 万元，坚持支农支小的业务定位。此外，村镇银行覆盖了 400 多个国家扶贫开发工作重点县和集中连片特殊困难地区县，助力国家扶贫攻坚。

但根据图 3－2，村镇银行在 2011 年呈现"井喷式"发展之后，其数量增长势头发生波动。按照当时银保监会 2009～2011 年总体工作安排，这三年应当在全国设立 1027 家村镇银行，但到 2011 年 7 月仅组建 536 家，为此银保监会在同年 7 月 27 日发布《关于调整村镇银行组建核准有关事项的通知》，收回省银监局对村镇银行设立的核准权，将村镇银行主发起行、设立地点和数量等核准内容收归银保监会，以"规模化""批量化"方式发起和组建村镇银行，但也没有达成目标，截至 2011 年底的统计数据，村镇银行仅为 726 家，直到 2013 年底才达到 1071 家。那么，数据显示，近几年来，村镇银行增长缓慢的原因主要有以下几点：

（1）关于主发起银行的持股比例分歧。根据 2007 年《村镇银行管理暂行规定》，村镇银行最大或唯一股东须为银行业金融机构，它对村镇银行持股比例不得低于总股本金额的 20%。实际上，这一比例从 20%、30% 到 50% 不等，既与控股股东资本金状况有关，还与当地政府态度有关。各省（市）银监局对辖区内法人银行到区域外成立村镇银行的持股比例要求是 51% 以上，但部分地区却"要求主发起行不能控股，银行占 51% 的免谈"，导致股权谈判耗费大量时间，更不用说宽松的政策环境和其他有力的保障。

（2）缺乏稳定而充沛的资金来源。村镇银行主要的资金来源是农户的储蓄存款。然而由于受到自身发展情况及外界条件的限制，其存款规模较小，因此村镇银行往往面临资金匮乏的问题。村镇银行在近几年内得到快速的发展，但其发展历程相对于五家大型银行及其他中小股份制商业银行较短。由于属于新兴的金融机构，人们对村镇银行并不是很相信，对其信誉情况也持怀疑态度。因此，村镇银行面临着信誉度和社会知名度低的困境。出于这些担忧，农民不愿把钱存入村镇银行，这也造成了村镇银行资金来源有限的问题。除了主发起股东外，村镇银行绝大多数股东都是民营企业，也造成了客户的不信任，与此同时，村镇银行的地方财政存款占比一般在 60% ~ 70%，如果失去这一支持，网点少、规模小、民众认可度还比较低的村镇银行很难吸引储蓄。在我国，存款是立行之根本，基础薄弱的村镇银行在未获得公众广泛认可之前，它吸揽存款的速度与金额难以满足来自"三农"旺盛的信贷资金需求，而我国村镇银行的存贷比都非常高，存贷比长期保持在 70% 以上。截至 2017 年末，村镇银行存贷比 74%，居县域银行业金融机构首位。村镇银行的存贷比长期处于高位，但面对"存款少、贷款多"和其他资金来源渠道狭窄等现实困境，存贷比超标问题短期内无法解决。但也有一些地方监管机构对村镇银行的存贷比监管有一定放松，促使村镇银行更好地服务农村金融。如温州规定：用同业存款发放的贷款不计入贷款余额。河北规定：对开业满 5 年、上年末农户和小微贷款占比 90% 以上、监管评级 3 级以上的村镇银行，在下一年度绩效放宽存贷比限制；用支农再贷款、同业存放资金发放的农户与小微企业贷款可以不计入村镇银行存贷比。

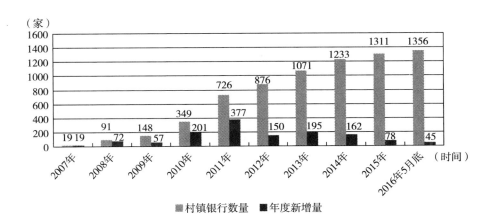

图 3 - 2　2007 ~ 2016 年我国村镇银行数量走势

数据来源：银保监会网站。

3.3.6 小额贷款公司农村普惠金融发展情况

2005 年，中国人民银行在山西、四川、贵州、陕西、内蒙古五个省份启动小额贷款公司的试点工作。2008 年，银保监会、中国人民银行联合下发《关于小额贷款公司试点的指导意见》，是全国层面专门用来规范和指导小额贷款公司行业发展的政策制度。此后，小额贷款公司快速发展起来。小额贷款公司是由自然人、企业法人与其他社会组织投资设立、不吸收公众存款，经营小额贷款业务的有限责任公司或股份有限公司，不吸收公众存款，由地方政府或地方金融办管辖。截至 2017 年末，全国共有小额贷款公司 8551 家。贷款余额 9799 亿元，全年增加 504 亿元。从图 3-3 可以看出，从 2011 年开始，到 2017 年小额贷款公司数量的增长速度放缓，从 2015 年小额贷款公司进入发展瓶颈期，不论是机构数量还是贷款规模，均出现负增长。

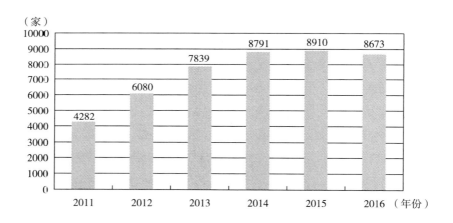

图 3-3   2011~2016 年我国小额贷款公司数量增长情况

数据来源：中国人民银行网站。

上述变化趋势与以下因素有关：

（1）小额贷款公司生存环境竞争激烈。首先，来自商业银行的竞争压力。2017 年 5 月 27 日银保监会印发的《大中型商业银行设立普惠金融事业部实施方案》，要求 2017 年 6 月底前，大型银行要形成设立普惠金融事业部具体方案，并抓好落实。2017 年内完成普惠金融事业部设立，尽快开展工作，成为发展普惠金融的骨干力量。银行拥有不少优势，包括风险管理能力高、资金来源充足、资金成本较低、网点分布广泛，而这些方面恰恰是小额贷款公司的劣势。再加上目前政策引导，银行机构也会更多开始关注小微企业、"三农"发展，进一步抢夺小贷公司的客户资源。其次，来自 P2P 网络贷款平台的竞争压力。截至 2017 年 4 月，全国 P2P 运营平台 2214 家；相比小贷公司，我国 P2P 平台起步较晚，但近几年发展十分迅猛，截止到 2017 年一季度，P2P 贷款余额 9208.66 亿元，已经接近小额贷款公司贷款余额 9377.30 亿元。且小额贷款公司的市场贷款利率高于 P2P 网贷。以广州市场为例，截至 2017 年 3 月，广州小额贷款市场平均利率 19.20%，而 P2P 贷款利率 9.41%。同时，P2P 网贷平台金融业务本质上就是小额贷款，并且其目标市场和小额贷款公司基本相似，且 P2P 网贷平台无区域限制，其资金链灵活多样，并能够借助其互联网渠道优势逐步蚕食小额贷款公司的市场。

（2）小额贷款公司目标偏移问题较为严重。小额贷款公司盈利模式是以质押、抵押和保证方式发放高息贷款获益（根据规定，其贷款利率不能超过央行规定的同期基准利率的 4 倍，但实际上，往往是超过这个上限的），其经营制度与银行较为类似，虽然小额贷款公司在一定程度上将农村的民间借贷活动由地下转为地上，但它在农村市场上没有得到更多认可，其中很大原因是小额贷款公司在经营中发生了目标偏移。在实际经营中，小额贷款公司将其目标锁定为具有一定规模和实力的乡镇中小企业，或具有相当经营实力的养殖种植专业户及家庭收入水平较高的富裕农民，而不是中低收入的农民，更不是贫困农民。

3.4 我国农村外生性普惠金融设立初衷

现行我国农村金融市场上提供农村普惠金融服务的机构主要包含以下这些：各级农村信用社、农村商业银行、农村合作银行、邮政储蓄银行、新型农村金融机构（包括村镇银行、涉农小额贷款公司、农村资金互助社）等。截至 2017 年底，上述农村普惠金融机构共有 3568 家，具体分布见表 3 - 2：

表3-2 2011~2017年我国农村普惠金融机构数量　　　　单位：家

年份	农村信用社	农村商业银行	农村合作银行	新型农村金融机构和邮政储蓄银行
2011	4965	22	163	
2012	3056	43	196	
2013	2646	85	223	396
2014	2265	212	190	692
2015	1927	337	147	864
2016	1803	468	122	1052
2017	1596	665	89	1218

数据来源：Wind 资讯。

从表3-2中可以看出，截至2017年底我国农村普惠金融机构有3568家，其中，农村信用社1596家，农村商业银行665家，农村合作银行89家，新型农村金融机构和邮储银行1218家（其中邮储银行1家，村镇银行1153家，涉农小额贷款公司15家，农村资金互助社49家）。而在这3568家农村普惠金融机构中，只有农村资金互助社（49家）是真正意义上内生于农村内部的普惠金融组织，占比1.4%，其余3517家农村普惠金融组织都是外生于农村金融市场的，占比98.6%，外生性农村普惠金融机构占据农村金融市场绝对主导地位。外生性农村普惠金融机构设立初衷主要基于以下几点：

3.4.1　提高农村金融服务覆盖率

中国银行保险监督管理委员会的数据显示，截至2017年末，全部银行业金融机构营业网点达22.86万个，网点的乡镇覆盖率和基础金融服务行政村覆盖率都超过了90%，我国农业保险乡村服务网点已达36万个，协保员45万人，网点乡镇覆盖率达到95%，村级覆盖率超过50%，我国农村普惠金融已经取得了初步和阶段性的成效。现在各主要商业银行都已经率先成立了普惠金融事业部，在一级分行层面已经完成全部185家分部的设立，还有6万余家支行及以下网点从事城乡社区金融服务。经过多年发展，我国农村普惠金融取得可喜成绩，但仍需进一步提高农村金融服务覆盖率，努力实现农村金融服务全覆盖的目标。

3.4.2 提高农村金融服务可得性

如前所述，我国农村普惠金融的发展取得了可喜成绩，农村金融服务可得性不断提高。比如，基础金融服务"村村通"实现了87%的行政村全覆盖，农村老百姓足不出村，就可以得到存款储蓄转账和接受中央政府的各种补贴。一个金融体系的金融可得性如何，主要看以下三个方面：经济主体获得合适的金融服务的能力、金融体系提供不同层次金融服务的能力和金融基础设施的完善程度。这里的"金融基础设施"是广义概念，它包含支付结算体系、金融服务网点体系、移动金融和互联金融体系等"软件"和"硬件"。应当全面考虑金融服务可得性这个概念。从金融服务需求者角度来看，影响金融可得性的因素主要有以下几点：一是地理或生理条件的限制，造成偏远地区或有生理缺陷人群不便获得金融服务；二是没有充足的证明或基础资料，尤其是农村地区人群和个体经济从业者往往无法提供这些文件；三是无法负担金融服务的成本；四是缺乏金融知识和金融经验，导致部分人群不知道自己可以获得金融服务，或不知道如何获得金融服务。

3.4.3 提高农村金融服务满意度

发展农村普惠金融的另一重要目标就是要提升农村金融服务的满意度，我国发展农村普惠金融明确提出推进城乡金融服务均等化等一系列强农惠农政策措施，这对欠发达地区农村金融机构增强农村，尤其是乡镇村一级的金融服务功能，提升自身综合服务质量和水平提出了更高要求。与此同时，作为各农村金融机构争相看好并纳入战略规划的"蓝海"市场，提高农村金融服务满意度成为涉农金融机构面对市场多元化竞争的必然选择。

3.5 我国农村外生性普惠金融的目标偏移

3.5.1 关于农村金融机构目标偏移的研究

国内外学者关于农村金融机构发展目标偏移的研究更多的是倾向于对小额信

贷机构发展目标的偏移。根据 Park 和 Ren 对中国小额信贷项目的调查发现，在政府扶贫小额信贷项目中，虽然较为有效地排除了富裕农户获得贷款，但同时也发现，真正贫困的农户较少获得政府小额信贷扶贫信贷支持，发现一些资金长期停留在政府资金账户中，存在"贷不出去"的情况。Martin 和 Hume（2003）对孟加拉国小额信贷项目的研究发现，孟加拉国的小额信贷机构倾向于向富裕个人或较为富裕的穷人发放贷款，而最需要小额信贷的贫穷人获得的贷款支持非常少。Coleman（2006）对泰国的小额信贷市场进行研究也发现，无论是享受政府资助的小额信贷机构还是纯粹商业化的小额信贷机构，都存在目标偏好，偏好于向具有一定资产（固定资产或动产）的农户或商户发放贷款。Bateman（2010）的研究也发现，一些小额信贷机构已经脱离其初衷，偏离了其最初始的扶贫使命，成为追求利润的商业化贷款机构。国内学者周孟亮等（2010）发现我国小额信贷在商业化过程中有偏离国家政策预期的倾向。不仅仅是小额信贷出现目标偏移，就连专门为实现普惠金融目标而成立的一些新型农村金融机构也出现目标偏移现象。杨娴婷（2012）、何建伟（2013）、孙良顺（2014）、陈蓉（2014）的研究发现，小额贷款公司、村镇银行在服务"三农"过程中存在目标偏移现象，甚至离普惠金融目标渐行渐远。对于农村金融机构为什么会发生目标偏移，学者们也纷纷进行了研究。Christen（2001）的研究发现商业化趋势、竞争激烈、营业的可持续等原因导致小额信贷机构偏离其初始目标对象。Mersland 和 Stroem（2009）认为，平均利润增加、交易成本上升、违约率升高、成立时间长等这些原因都可能导致机构发生目标偏移。马一（2015）分析我国村镇银行之所以会发生服务对象目标偏移最根本的原因是其股权结构，其主发起银行制度衍生的股权结构失衡及治理独立性问题是导致目标偏移的重要因素。

3.5.2 外生性农村普惠金融机构的目标偏移表现

3.5.2.1 设立地理位置的偏离

以村镇银行为例，根据我国《村镇银行管理暂行规定》，村镇银行是指经中国银保监会批准，由境内外金融机构、境内非金融机构企业法人、境内自然人出资，在农村地区设立的主要为当地农民、农业和农村经济发展提供金融服务的银行业金融机构。根据银保监会对村镇银行的市场定位应是服务于农民、农业和农村，既然是服务"三农"，那么村镇银行也理应选择扎根农村。但从统计数据

（见表 3 - 3）来看，截至 2017 年末，村镇银行机构组建数量已达 1601 家，其中中西部地区机构占比 65%，已覆盖全国 31 个省份的 1247 个县（市、旗），县域覆盖率达 68%；全国 758 个国定贫困县和连片特困地区所辖县市中，有 416 个（占比 55%）县市已设立或已备案规划拟设村镇银行。我国 1601 家村镇银行在全国的分布见表 3 - 3，其中富裕的东部地区村镇银行占比从 2010 年以来一直最大，2017 年占比达到 33.5%，而较为落后的西部地区和东北三省则占比较低，分别为 25.7% 和 12%，所以从村镇银行的全国布局来看，就出现地理位置偏离，布局出现越富裕的地区村镇银行占比越多。另外，截至 2017 年末，全国共有小额贷款公司 8551 家，其地理分布也是以东部地区占比最大，达到 46.2%，而且根据中国人民银行发布的《中国农村金融服务报告 2017》显示，在这 8000 多家小额贷款公司中，涉农的小额贷款公司只有 14 家。从全国地区分布来看，外生性新型农村金融机构出现地理偏离。另外，从村镇银行的具体选址来看也出现地理偏离。根据统计，截至 2017 年底，全国 1601 家村镇银行，营业网点数达 3088 个，但营业网点设在村镇或乡镇的仅有 1030 家，仅占 33.4%。即使网点数量排在靠前的省份，如河南省、山东省，其村镇银行在村镇设网点的占比也只有 23.1% 和 21.1%。而即使在一些村镇落户，村镇银行也是选择在一些经济较为发达的村镇落户，远离了真正需要其金融服务的"农村"。另外，根据笔者的调查也发现，受访对象对于新型农村金融机构的网点布局也颇具怨言，11.59% 的受访者认为农村地区的金融机构服务网点偏少，17.75% 的受访者认为金融机构网点分布不合理导致业务办理极为不便，客观上增加了客户获取服务的成本。

表 3 - 3 2013 ~ 2017 年村镇银行在我国各地区分布比例 单位：%

年份	东部	中部	西部	东北
2013	28.70	20.60	32.50	18.30
2014	30.40	23.80	31.10	14.70
2015	32.20	25.00	29.60	13.20
2016	33.90	24.40	30.20	11.50
2017	33.50	28.90	25.70	12.00

数据来源：Wind 资讯。

3.5.2.2 服务对象偏离

2006年以来，以新一轮农村金融增量改革为例，为增加农村金融市场上的金融机构数量，银保监会批准新设立一批新型农村金融机构，以弥补之前农村金融市场上农村金融机构单一的问题。银保监会批准设立村镇银行和小额贷款公司的初衷就是希望其为排斥在传统金融体系外的弱势群体服务。这些弱势群体就包括不能从传统金融机构处获得金融支持的农户、个体工商户、小微企业主等。调查发现，无论是村镇银行还是小额贷款公司在具体业务开展中都存在服务对象偏离现象。如2017年《广东省小额贷款公司监管情况报告》显示，从小额贷款公司投放贷款的借款主体来看，虽然小额贷款公司的贷款投放绝大部分用于支持自然人、小型企业和个体工商户发展，累计投放占贷款总额的98.9%。但其中涉农贷款占比非常小，累计投放农业贷款111.6亿元，占比仅为12.1%。而且，在涉农贷款发放中，大多倾向于向富裕的农户、养殖大户或规模效益较好的中小企业发放贷款。另外，从投放贷款的单笔金额结构来看，单笔50万元以下贷款共3002笔，占总笔数的28.3%。单笔300万～500万元贷款共3889笔，占总笔数的31.42%，笔均贷款492万元。小额贷款公司的贷款投放偏离"贷农贷小"目标，其笔均贷款有增大趋势。这些都与管理部门当初设立小额贷款公司的初衷不相符。

3.5.2.3 经营模式偏离

以新型农村金融机构为例，金融管理部门将我国新型农村金融机构的市场目标定位为为"三农"、个体工商户、小微企业等被传统金融机构排斥在外的弱势群体服务。这些群体既然是被排斥在传统金融体系外，说明传统的金融机构不愿意为其服务，或者说传统金融机构没有为其服务的业务或经营模式。而现实情况是，这些新型农村金融机构无论是村镇银行还是小额贷款公司，尤其是村镇银行其经营模式仍然照搬传统商业银行的业务经营模式。全国1601家村镇银行，其经营模式基本都是照搬主发起行的业务经营模式，而且与当地的农村金融机构如农村信用合作社、邮政储蓄银行等机构业务同质化严重，缺乏专门针对上述弱势群体服务的业务创新。根据调查发现，现行大多数村镇银行存在"贷大不贷小，贷富不贷贫"现象，甚至一些村镇银行借助于主发起行的信贷技术为一些规模效益较好的中小企业发放贷款，而一些小微企业因其不符合其信贷技术的要求选择放弃，从而导致村镇银行的经营模式偏离目标群体。

3.5.2.4　金融服务满意度不高

如前所述，新型农村金融机构的出现在一定程度上增加了农村金融市场上的金融服务供给，但由于大多数新型农村金融机构属于外生性新型农村金融机构，导致其提供的农村金融服务在客户满意度上还有待进一步提高，这主要表现为：

（1）服务环境满意度有待提高。调查数据显示，营业网点服务环境也是广大群众和客户关切的重点，59.06%的受访者认为同一家金融机构乡镇一级网点与城区、标准化网点的服务硬件环境存在明显差异。如部分网点严重老化，也未配备或设置一米线排队围栏、柜台外置验钞装置、老花镜、大堂休息座椅，业务受理窗口指示不尽明确、合理等。

（2）对服务收费不满意度偏高。43.48%的受访者表示不能接受目前农村金融机构的手续费收取范围和标准。主要表现在汇兑手续费、跨行取款手续费、工本费、卡年费、账户管理费和账户挂失手续费等。少数受访者甚至表示在同一家银行不同分支机构还存在账户挂失收取费用标准不一致的现象，受理柜员对费用收取有一定的随意性。

（3）金融服务效率不高。服务效能通过服务质量和效率两个方面体现。问卷调查显示：一是18.48%的受访者表示，在办理业务时金融机构工作人员态度冷淡、"不够热情"现象急需改进。如在申请办理信贷、股金类业务遭拒时，超过10%的客户认为银行工作人员未给予合理解释，在银行开展的营销活动中有"前热后冷"之嫌。二是尽管农村金融网点在营业室均公布了服务监督、举报电话，但仍有受访者表示"投诉无门"，通过县级联社业务咨询未能得到满意答复、监督投诉反馈质量不高。三是排队等候时间过长，28.99%的人认为办理业务排队等待的时间在10~30分钟，尤其是政策性资金集中发放时期和赶集日较为突出，银行未开放更多窗口。四是业务办理程序复杂，如由于客户经理的失误，导致贷款补充调查或由贷户补充资料，影响了办理时效，增加了客户融资成本。

（4）农村金融服务产品研发不足、可选择度低，"贷款难"的现象仍然客观存在。目前，一些新型农村金融机构一对一的个人理财服务几乎为零，供客户选择投资理财的渠道严重不足；在贷款方面，尽管近年来一些村镇银行推出较为丰富的信贷产品，但仍有受访客户反映因自身无足够抵押担保导致"贷款难"；客户经理针对客户的宣传不是信贷产品种类而是担保方式——要么信用，要么质押、抵押贷款，致使农村客户获得贷款的门槛有增无减。

3.5.3 外生性农村普惠金融机构目标偏离的原因

3.5.3.1 金融供给与多样化的农户金融需求契合度不够

已有的理论研究和实践告诉我们，政府主导的强制外生性金融改革效率较低，容易产生目标偏移（周孟亮，2010）。在政府主导的外生性金融改革下，农村金融机构的业务开展仍是外生主导型金融供给制度框架下的"技术性努力"，反映的是国家利益偏好，而不是农户的需求倾向。而这种"技术性努力"只能产生短期变革效应，无法从根本上改善农村金融的总体运行环境，无法给农村金融成长提供一个崭新的制度条件。根据马斯洛的需求层次理论，楚尔鸣（2007）通过对我国农村农户信贷需求的调查显示，将我国农户信贷需求分为三个层次，即生存信贷需求、发展信贷需求和特殊信贷需求。楚尔鸣将农户的改善性住房、传统农业作业等所需资金视为生存性信贷需求，占比42.5%；子女受教育、创业经营等所需要的资金视为发展性信贷需求，占比54.2%；将大病、婚礼丧葬等所需资金视为特殊性信贷需求，占比3.3%。楚尔鸣对我国农户信贷需求的分层基本上反映了现行我国农户信贷需求的现状，从上述农户信贷需求中可以看出，我国农户信贷需求存在较大的不确定性，而现行外生性农村金融机构难以满足农户的这些信贷需求。因为现行农村金融机构的信贷审批机制及风险管理机制与农户信贷需求的匹配性差，农户的财务和抵押担保条件难以满足外生性金融机构的担保要求。

3.5.3.2 外生性农村普惠金融供给的不适应性

我国现行的农村金融供给属于由政府主导的、自上而下的一种外生性金融供给制度。外生性金融供给与内生性金融供给相比最大的优势就是可以快速降低金融供给，如金融机构的建立时间成本和摩擦成本，但其最大的弊端就是这种外生于农村金融市场的供给制度很难满足农村金融市场微观主体的金融需求，导致农村金融服务效率低下。与之相比，内生性农村金融组织因其起源于农村金融市场，是农村微观经济主体根据自身金融需求，自发形成的金融服务组织，这种内生性金融组织可以充分利用广大农村地区熟人社会的环境因素，利用血缘、亲缘、地缘优势，发展金融业务，从而有效降低道德风险和逆向选择。且内生性农村金融组织管理机制灵活、业务审批流程简便，抵押担保方式灵活，金额较小，信贷资金可用于满足生产性需求和非生产性需求，利率根据当地民间借贷市场利率变化而变化，能较好地满足农村微观经济主体资金需求的短、小、频、快的特点。

3.5.3.3　外生性农村金融机构产生的制度缺陷

同样，以新型农村普惠金融机构为例，小额贷款公司之所以会出现发展偏离，从制度层面来说，有两方面的原因：第一，是因为截止到目前，小额贷款公司的金融机构身份仍然没有在法律上得到确认。银保监会并没有将小额贷款公司界定为金融机构，而是将其界定为经营小额信贷业务的股份有限公司或有限责任公司。由于没有法定的金融身份地位，致使小额贷款公司不能够享受国家有关农村金融机构服务"三农"的一些政策支持，包括补贴政策、税收政策等，从而致使小额贷款公司税负较重，为使得自身可持续经营，必须创造利润，从而导致目标偏移。第二，小额贷款公司"只贷不存"的制度规定束缚了小额贷款公司的发展。小额贷款公司要响应服务"三农"的号召，就需扩大其金融业务的覆盖度面和服务深度，而要扩大业务覆盖度和深度就需要靠资金支持，但小额贷款公司的资金来源主要是股东资金及银行信贷资金，造成其业务覆盖面和深度有限。另外，为使得股东资金效益最大化，小额贷款公司的服务对象出现偏离，造成"贷大不贷小，贷富不贷贫"。

同样，村镇银行的主发起人制度是造成其发展偏离的重要原因。根据《村镇银行管理暂行规定》要求村镇银行最大股东或唯一股东必须是银行业金融机构。我们这种规定当然能够最大限度保障存款人的利益，但对村镇银行的经营产生较大的束缚。第一，主发起行制度导致村镇银行变成主发起行业务扩展的分支机构，主发起行的主要目的是业务扩展，获得村镇银行的金融牌照，根本目的并不在于支持"三农"；第二，主发起行制度下的村镇银行缺乏独立经营权，其经营模式一般都照搬主发起行的经营模式，而主发起行的经营模式并不适应农村金融市场，不适应"支农支小"的目标需求。与此同时，相较于已经有一定网点规模和覆盖范围的股份行、国有大行等，城商行、农商行跨区设立分支机构一直受到较为严格的管控。因此，通过设立村镇银行变相成为了这些中小银行实现跨区布局的一个新渠道，从而导致村镇银行在经营模式上基本延续了传统银行的经营模式。

3.5.3.4 "三农"的弱质性影响外生性农村普惠金融机构投身农村金融积极性

一是"三农"自身发展具有局限性。随着城市化进程加快,纯粹靠种养为生的农民急剧减少,留守的妇女、儿童、老人本身对金融服务了解不够、需求不旺,抑制了农村金融改进、优化、创新的动力。二是一些返乡农民工创业致富意愿强烈,但往往陷入经营项目盲目、从业经验匮乏、启动资金不到位的困境,外生性新型农村金融机构从风险性、营利性等多方面考虑,提供金融服务的主动性受制。近年来,尽管国家在农村地区投入了大量资金,对设立新型金融机构实行了准入优惠政策,但仍然不能回避涉农业务成本高、风险大、收益率低等问题。三是金融新产品在外生性新型农村金融机构中的推广乏力。少数职工宁愿不办少业绩,也不"冒险"为客户提供无抵质押贷款,在各项制度严格约束下,一则担心新业务资料收集较为繁多、新业务易违规受损;二则对信用贷款抱有"成见",认为信用贷款风险高,只有抵押才是风险的保障;三则少数基层社存在贪大、求全心理,对小额且无抵押贷款存在惧贷、惜贷心理,致使新产品推广"雷声大、雨点小"。

第4章 外生性主导发展路径下我国农村普惠金融发展水平分析

本书在第 3 章指出，现行我国农村普惠金融的发展路径以外生性路径为主要发展道路，虽然经过多年的农村金融改革，我国外生性农村普惠金融发展取得了一定成绩，如根据世界银行调查，我国农村普惠金融状况明显优于发展中国家平均水平，部分领域甚至优于中高收入国家平均水平。如账户普及率高于中高收入国家平均 6.7 个百分点，高于发展中国家平均水平 23 个百分点。据统计，截至 2017 年末，全国共开立个人银行结算账户 91.69 亿户，农村地区银行网点数量 12.61 万个；每万人拥有的银行网点数量为 1.30 个，县均银行网点 55.99 个，乡均银行网点 3.93 个，村均银行网点 0.24 个，农村地区累计开立单位银行结算账户 1966.51 万户，农村地区个人银行结算账户 39.66 亿户，人均 4.08 户，农村地区银行卡数量余额 28.81 亿张。人均持卡量为 2.97 张，农村地区网上银行开通数累计 5.31 亿户，手机银行开通数累计 5.17 亿户①。虽然上述数据表明近年来我国外生性农村普惠金融发展较快，但在我国固有的外生性农村普惠金融发展模式下，我国农村普惠金融发展的水平如何，不同省份、不同地区农村普惠金融发展是否存在差异，研究以我国多数人口在农村地区的中部六省山西、安徽、江西、河南、湖南、湖北农村普惠金融发展为例，分析外生性主导模式下我国农村普惠金融发展水平及其差异，造成发展差异的原因是什么？这些是进一步发展我国农村普惠金融时需要弄清楚的问题。

---

① 中国人民银行报告：《2017 年农村地区支付业务发展总体情况》。

4.1 相关文献研究

关于普惠金融发展水平的衡量指标，最早是由 Beckl（2007）提出了 8 个测量一国（地区）普惠金融发展水平的测量指标，这 8 个指标包括：金融机构网点数/万人、金融机构网点数/百万平方千米、自助存取款机数/万人、自助存取款数/百万平方千米、贷款总额/GDP、存款总额/GDP、存款账户数/千人、贷款账户数/千人。但 Mandira Sarma（2008）认为，Beckl 等的衡量指标太过繁琐，一些指标重复，在此基础上他提出参考 UNDP 构建（UDI）指标①的方法来构建普惠金融发展水平指标，普惠金融发展水平的三大维度指标，分别是：地理渗透性（Geographic Penetration）、产品接触性（Credit Availability）、使用效用性（Usage）。之后有学者借鉴 Sarma 的普惠金融发展指数来衡量印度各地区普惠金融发展水平。如 Chakravarty（2012）运用 Sarma 的普惠金融发展指数来衡量印度 1972 ~ 2009 年间的普惠金融发展水平，同时还测算了每个维度对普惠金融发展水平的贡献度，研究发展社区银行（Social Banking Policy）政策的有效实施使得过去 20 多年中，印度的普惠金融得到了长足发展，但不同省份之间普惠金融发展水平有差异，一些省份甚至在社区银行发展政策实施后，其普惠金融发展水平反而下降（Declined）了。Gupe（2012）也在综合 Sarma 和 Arora 两类指标体系的基础上全面地比较了不同年度印度普惠金融指数的变化情况。

目前国内关于普惠金融发展水平的研究主要是以下两方面的研究：一是从正面直接测量普惠金融发展水平，主要借鉴 Sarma（2008）几个指标：地理渗透性、产品接触性、使用效率等来衡量普惠金融发展水平的方法测度（徐敏，2012；汤凯、田璐，2013；向静、时金春，2013）。二是从反面间接衡量普惠金融发展水平，即衡量一国（地区）金融排斥程度来间接说明该国（地区）普惠金融发展水平，金融排斥程度越高，普惠金融发展水平就越低。田霖（2011）使用来自银行体系的四个指标评价金融排除度。高沛星和王修华（2011）从利用变

---

① 联合国开发计划署（UNDP）编制的人类发展指数（Human Development Index）。

异系数法从四个维度（地理排除、价格排斥、评估及条件排斥和营销排斥）评价金融排除，研究结果表明，我国农村金融排斥指数从0.91跨度到0.39。

关于影响一国（地区）普惠金融发展的因素，国内外学者都进行了相关研究，大部分都涉及金融经济因素、收入因素、人口因素、政策因素等。Anderloni（2008）对欧洲联盟国家的现状分析了金融市场的自由度、劳动力供求状况、货币政策、财政政策、社会救助政策、人口变化、收入差距七大外部因素对普惠金融发展的影响；Beck（2009）则根据发展中国家的现状，分析了金融服务可获得性交易成本、投资决策、储蓄率、技术创新、经济增长等因素对普惠金融发展的影响；Priyadarshee（2010）则根据印度发展状况，发现政府的公共政策、保障政策等是普惠金融发展能否顺利的关键因素。国内学者张世春（2010）发现在商业性资金运作下，普惠金融难以实现其目标，主要受财政资金和政策性扶持因素影响；董晓林、徐虹（2012）主要分析人口规模、收入水平、消费品零售额、电话普及率、财政支出等因素对一地区普惠金融发展水平的影响，认为农村金融机构网点布局主要受人口和收入因素影响。

国内针对我国不同省份普惠金融发展水平的差异分析较少，更多的是对我国不同省份（不同区域）金融发展水平差异的分析。李学文和李明贤（2007）的研究得出东中西部地区金融发展水平差异明显，金融发展形如一右端被拉长的"橄榄球"；东部地区金融发展水平呈"圆柱体"分布，影响西部金融发展水平的重要因素是"经济短板"因素。丁竹君（2014）又以西部11省份为研究对象，运用因子分析和聚类分析方法对西部11省份的金融发展水平进行差异分析，发现西部各省金融发展水平存在较大差异，其中以四川省的金融发展水平最高。徐文庆（2014）的研究运用空间面板计量方法对2000～2011年间我国285个城市金融发展水平的空间效应进行分析、检验。通过全局及局部Moran指数两个空间效应指标，发现我国东部、中部、西部地区285个城市金融发展水平存在着显著的全局空间自相关性，金融发展水平高的地区之间及发展水平相对较低的地区之间存在相互集聚的空间效应。

国内外学者关于普惠金融发展水平衡量及影响因素的研究为本书提供了坚实的研究方法基础。但从国内学者的研究来看，在衡量一国或地区普惠金融发展水平上，多数学者直接采用Sarma（2008）的普惠金融发展指数测算方法，虽然一些学者在选取指标上有些差异，但实质仍相同。不足的是，国内学者大都研究的是我国总体上的普惠金融发展水平，忽略了不同地区、不同省份的普惠金融发展差异。而对一些普惠金融发展影响因素的研究也停留在定性分析层面。本书将以我国中部六省即山西、安徽、江西、河南、湖南、湖北为例，研究我国农村普惠金融发展水平的差异，并用面板数据分析影响河南、湖南、湖北三省普惠金融发展的因素。

4.2　农村普惠金融发展水平测度方法

4.2.1　普惠金融发展指数计算方法

Sarma（2008）参考联合国开发计划署（UNDP）编制人类发展指数（Human Development Index）的方法来构建普惠金融发展指数（Index of Financial Inclusion，IFI）。假设普惠金融领域有 k 个维度，且 k≥1，A_i 表示第 i 个维度，则：

$$A_i = \frac{x_i - m_i}{M_i - m_i} \tag{4-1}$$

其中，x_i 为第 i 个金融维度的实际值，m_i 为笫 i 个金融维度的最小值，M_i 为第 i 个金融维度的最大值，所以，$x_i \in [m_i, M_i]$。且 $A_i \in [0, 1]$，若 $A_i = 0$，则说明存在完全金融排斥，该普惠金融维度水平为 0，若 $A_i = 1$，则说明不存在金融排斥，该普惠金融维度水平发展最高。且普惠金融发展水平指数 IFI 用以下公式计算：

$$IFI = \sum_{i=1}^{k} w_i A_i \tag{4-2}$$

其中，w_i 表示各金融维度所占权重，假设给每个金融维度所设权重相同，则

$$IFI = \frac{1}{k} \sum_{i=1}^{k} \frac{x_i - m_i}{M_i - m_i} \tag{4-3}$$

以上是 Sarma 构建的普惠金融发展指数，国内外大多数学者都采用该方法来衡量一国（地区）普惠金融发展水平，但在 Sarma 构建的 IFI 中，没有考虑各个金融维度对 IFI 的敏感度。Chakravarty（2012）的研究将对 Sarma 构建的 IFI 进行扩展，考虑各个金融维度对 IFI 的敏感度，则

$$A_i = \left(\frac{x_i - m_i}{M_i - m_i} \right)^r \qquad\qquad (4-4)$$

$0 < r \leqslant 1$，r 表示各金融维度对 IFI 的敏感参数，则：

$$IFI = \frac{1}{k} \sum_{i=1}^{k} \left(\frac{x_i - m_i}{M_i - m_i} \right)^r \qquad\qquad (4-5)$$

在式（4-5）中，若 r 的值越大，则说明该金融维度对 IFI 的敏感度越高，当 r=1 时，其敏感度最大，这时的 IFI 与 Sarma 构建得一致。为简便起见，本书只考虑将对 r 赋值，r=1，k=3 时的 IFI 值。

4.2.2　普惠金融发展水平测算指标

Sarma（2008）使用三个指标来衡量普惠金融发展水平，分别是：地理渗透性、金融产品接触性、使用效用性。本书将用以下指标来替代上述指标：

（1）地理渗透性金融维度 A_1：普惠金融必须让更多的人享有金融服务，那么其中一个衡量普惠金融发展水平的重要指标就是在一个国家（地区）有多少金融机构、多少金融从业人员，在本书中，我们用银行机构数和银行从业人员数来代替，具体指标为银行机构数/地区总人数（每万人）a_1、银行从业人员数/地区总人数（每万人）a_2，两指标分别赋予相同的权重，则 $x_1 = a_1 + a_2/2$。

（2）产品接触金融维度 A_2：普惠金融必须让更多人容易接触到金融产品，则其中一个衡量普惠金融发展水平的重要指标就是一个国家（地区）的储蓄水平、贷款水平，在本书中，我们用储蓄存款、贷款来代替，具体指标为人均储蓄存款余额＝储蓄存款总额/地区总人数 b_1，人均贷款总余额＝贷款总额/地区总人数 b_2，两指标分别赋予相同的权重，则 $x_2 = b_1 + b_2/2$。

（3）使用效用性金融维度 A_3：普惠金融必须让更多人有效地享有金融服务，则其中一个衡量普惠金融发展水平的重要指标就是一个国家（地区）的储蓄率、贷款率，在本书中，具体指标为，银行储蓄存款总额/地区 GDP_{c_1}、银行贷款总额/地区 GDP_{c_2}，两指标分别赋予相同的权重，则 $x_3 = c_1 + c_2/2$。

4.3　中部六省外生性农村普惠金融发展水平测度

本书在对中部六省外生性普惠金融发展的差异分析之前，先对 2007～2015

年间中部六省外生性普惠金融发展水平进行测度，测度方法采用公式（4－5），指标采用上述地理渗透性、金融产品接触性、使用效用性的三个金融维度指标，以下将分别测算六省农村在维度敏感度 $r = 1$ 时的 IFI 值。

4.3.1 各省地理渗透性金融维度 A_1

根据上述计算地理渗透性金融维度的公式，可得中部八省份 A_1 的实际值 x_1，见表4－1：

表4－1 中部六省份 A_1 的实际值 x_1

年份	山西省			安徽省			江西省		
	a_1	a_2	x_1	a_1	a_2	x_1	a_1	a_2	x_1
2007	1.98	23.35	12.67	0.93	13.96	7.45	1.50	15.15	8.32
2008	1.90	26.45	14.17	1.23	14.10	7.66	1.43	15.89	8.66
2009	1.31	23.35	12.33	1.48	16.43	8.96	1.46	16.63	9.05
2010	1.52	24.74	13.13	1.17	14.06	7.61	1.38	16.53	8.96
2011	1.66	26.65	14.15	1.19	15.38	8.28	1.38	17.15	9.26
2012	1.53	25.90	13.72	1.23	16.55	8.89	1.54	17.65	9.60
2013	1.73	29.29	15.51	1.29	17.12	9.20	1.40	18.88	10.14
2014	1.71	29.31	15.51	1.10	17.71	9.41	1.41	19.62	10.52
2015	1.86	32.78	17.32	1.27	19.00	10.14	1.42	19.71	10.57

年份	河南省			湖南省			湖北省		
	a_1	a_2	x_1	a_1	a_2	x_1	a_1	a_2	x_1
2007	1.40	15.44	8.42	1.15	14.10	7.63	0.66	13.71	7.19
2008	1.36	16.46	8.91	1.56	16.29	8.93	1.39	18.39	9.89
2009	1.27	16.06	8.66	1.43	15.78	8.60	1.26	17.99	9.63
2010	1.27	15.48	8.37	1.42	15.82	8.62	1.27	18.36	9.81
2011	1.26	16.69	8.97	1.38	15.14	8.26	1.25	17.47	9.36
2012	1.23	16.30	8.76	1.40	16.11	8.75	1.20	18.32	9.76
2013	1.24	17.33	9.28	1.35	16.01	8.68	1.19	18.61	9.90
2014	1.26	17.72	9.49	1.38	1.05	1.22	1.21	19.54	10.37
2015	1.27	19.49	10.38	1.38	17.00	9.19	1.22	20.24	10.73

数据来源：根据2007～2015年各省份《金融运行报告》、各省份《统计年鉴》公式计算得出。

4.3.2 各省产品接触金融维度 A_2

根据上述计算产品接触金融维度的公式，可得中部六省 A_2 的实际值 x_2，见表 4 – 2：

表 4 – 2　中部六省份 A_2 的实际值 x_2

年份	山西省			安徽省			江西省		
	b_1	b_2	x_2	b_1	b_2	x_2	b_1	b_2	x_2
2007	21315. 05	12903. 13	17109. 09	9916. 34	7188. 24	8552. 29	10463. 98	7107. 68	8785. 83
2008	25414. 81	14188. 15	19801. 48	11456. 63	8519. 15	9987. 89	12163. 85	8069. 05	10116. 45
2009	29802. 24	16251. 69	23026. 97	14964. 48	10016. 18	12490. 33	13640. 19	9348. 88	11494. 53
2010	3760. 48	17712. 99	10736. 73	16299. 92	11459. 33	13879. 63	16520. 01	10484. 66	13502. 33
2011	45987. 16	23097. 17	34542. 17	21703. 64	15151. 53	18427. 58	20913. 37	14320. 85	17617. 11
2012	52153. 89	27220. 76	39687. 33	27475. 23	19702. 08	23588. 66	26381. 40	17384. 86	21883. 13
2013	58455. 33	31353. 62	44904. 47	32753. 52	2370. 31	17561. 91	31604. 46	20443. 76	26024. 11
2014	66898. 37	36586. 26	51742. 32	38763. 36	28048. 10	33405. 73	37160. 78	24241. 65	30701. 22
2015	7236. 64	41392. 56	24314. 60	44663. 67	31657. 43	38160. 55	43075. 31	28526. 69	35801. 00

年份	河南省			湖南省			湖北省		
	b_1	b_2	x_2	b_1	b_2	x_2	b_1	b_2	x_2
2007	9035. 10	7454. 02	8244. 56	8362. 50	6357. 17	7359. 83	14597. 50	9894. 92	12246. 21
2008	10796. 07	8049. 32	9422. 69	10416. 60	7255. 82	8836. 21	17056. 02	11295. 35	14175. 68
2009	12357. 96	9224. 45	10791. 21	12298. 17	8252. 29	10275. 23	19663. 71	13153. 99	16408. 85
2010	13535. 68	10301. 92	11918. 80	14406. 40	9689. 24	12047. 82	23769. 92	15325. 53	19547. 72
2011	16269. 06	11071. 91	13670. 48	17197. 02	11152. 48	14174. 75	30905. 77	21078. 97	25992. 37
2012	20211. 97	14164. 05	17188. 01	21894. 38	14887. 01	18390. 70	38004. 54	24739. 61	31372. 08
2013	24613. 32	16875. 41	20744. 36	25196. 04	17205. 18	21200. 61	41592. 83	27201. 35	34397. 09
2014	28520. 24	18799. 42	23659. 83	29312. 77	19991. 93	24652. 35	48462. 29	31155. 11	39808. 70
2015	29030. 09	19845. 87	24437. 98	34699. 61	23100. 64	28900. 13	56915. 46	37887. 13	47401. 30

数据来源：根据 2007～2015 年各省份《金融运行报告》、各省份《统计年鉴》公式计算得出。

4.3.3 使用效用性金融维度 A_3

根据上述计算使用效用金融维度的公式，可得中部六省 A_3 的实际值 x_3，见表 4 – 3：

表 4 – 3　中部六省份 A_3 的实际值 x_3

年份	山西省			安徽省			江西省		
	c_1	c_2	x_3	c_1	c_2	x_3	c_1	c_2	x_3
2007	1.69	1.02	1.36	1.13	0.82	0.97	1.11	0.75	0.93
2008	1.76	0.98	1.37	1.14	0.85	0.99	1.09	0.73	0.91
2009	1.68	0.92	1.30	1.24	0.83	1.04	1.03	0.70	0.87
2010	0.18	0.83	0.50	1.13	0.79	0.96	1.04	0.66	0.85
2011	2.14	1.08	1.61	1.32	0.92	1.12	1.21	0.83	1.02
2012	2.03	1.06	1.54	1.32	0.95	1.14	1.25	0.82	1.03
2013	1.87	1.00	1.44	1.28	0.09	0.69	1.21	0.78	1.00
2014	1.99	1.09	1.54	1.35	0.98	1.16	1.29	0.84	1.07
2015	2.08	1.19	1.64	1.41	1.00	1.21	1.36	0.90	1.13

年份	河南省			湖南省			湖北省		
	c_1	c_2	x_3	c_1	c_2	x_3	c_1	c_2	x_3
2007	1.03	0.85	0.94	0.99	0.75	0.87	1.26	0.86	1.06
2008	0.96	0.71	0.83	1.00	0.70	0.85	1.27	0.84	1.06
2009	0.93	0.69	0.81	1.01	0.68	0.85	1.20	0.80	1.00
2010	0.84	0.64	0.74	0.97	0.65	0.81	1.20	0.77	0.99
2011	0.85	0.58	0.72	0.95	0.62	0.78	1.36	0.93	1.15
2012	0.98	0.69	0.84	1.07	0.73	0.90	1.36	0.89	1.13
2013	1.00	0.69	0.84	1.03	0.70	0.87	1.22	0.80	1.01
2014	0.99	0.66	0.82	0.98	0.67	0.83	1.26	0.81	1.03
2015	1.00	0.68	0.84	1.04	0.69	0.87	1.33	0.89	1.11

数据来源：根据 2007～2015 年各省份《金融运行报告》、各省份《统计年鉴》公式计算得出。

4.3.4　IFI 值测算

根据公式（4 - 5）可以计算出 $r = 1$ 时的 IFI 值，结果见表 4 - 4：

表 4 – 4　$r = 1$ 时中部六省的 IFI 值

年份 地区	2007	2008	2009	2010	2011	2012	2013	2014	2015
山西	0.34	0.45	0.33	0.05	0.64	0.63	0.76	0.85	0.78
安徽	0.18	0.24	0.46	0.26	0.49	0.64	0.32	0.83	0.95
江西	0.09	0.14	0.16	0.15	0.45	0.57	0.66	0.86	0.92

续表

年份 地区	2007	2008	2009	2010	2011	2012	2013	2014	2015
河南	0.34	0.11	0.24	0.12	0.21	0.43	0.60	0.67	0.85
湖南	0.25	0.48	0.52	0.37	0.24	0.74	0.68	0.68	0.90
湖北	0.16	0.42	0.30	0.31	0.67	0.71	0.51	0.66	0.93

　　根据公式（4-5），本书利用2007~2015年中部六省的相关外生性农村金融数据计算得出中部六省外生性农村普惠金融发展水平指数IFI值，见表4-4，由上述公式（4-5）可知，IFI的值越大，普惠金融发展水平越高，或者说，金融排斥程度越低。因此，从表4-4中我们可以得出中部六省农村外生性普惠金融发展现状。从表4-4反映的结果来看，虽然我国外生性农村普惠金融发展总体水平仍然偏低，但是2007年到2015年近10年间，中部六省外生性农村普惠金融发展水平都有所提高（见图4-1），其中，2007~2009年中部六省有些省份外生性农村普惠金融发展水平极其低，如江西2007年的IFI值仅有0.09、河南2013年的IFI值仅有0.11、山西2011年的IFI值仅有0.05等，这主要是因为2005~2007年我国银行进行机构合并改革，使得农村外生性农村普惠金融机构（银行）法人和分支机构数大幅减少，直接导致我国外生性农村金融机构在2005~2008年的IFI值非常低。同时部分省份2007~2008年IFI值较低则主要受全球金融危机影响，银行放贷意愿下降，以及农村存贷款率下降的影响，但随着2009年央行的适度宽松的货币政策实施情况有所好转。且在2010年以后，尤其是党的十八大（2012年）之后，国家把发展普惠金融逐步提上议程，甚至上升到国家战略层面，各省都开始非常重视普惠金融的发展，各省外生性农村普惠金融机构

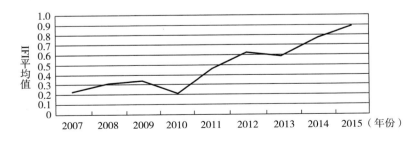

图4-1　r=1时中部六省2007~2015年各年IFI平均值

（尤其是银行）机构在农村都大力开设新分支机构，扩大人才招聘规模，不断创新普惠金融产品，进一步降低金融准入门槛，提高弱势群体获得金融产品的可得性，从而 2012 年后中部六省的外生性普惠金融发展水平都有显著提高。

4.4 外生性农村普惠金融发展水平影响因素分析

4.4.1 实证模型

以上分析了我国中部六省的农村外生性普惠金融发展水平，发现中部六省 2007～2015 年农村外生性普惠金融发展水平在不同时期有差异，但随着国家将发展普惠金融提高到国家战略层面，各省也开始非常重视农村普惠金融的发展，发展水平也有显著提高。那么，影响各省外生性农村普惠金融发展水平的因素有哪些，本部分将用面板模型实证分析影响农村外生性普惠金融发展的因素。

根据面板模型中对固定效应模型与随机效应模型选择的标准：若仅以样本本身效应为条件进行研究，应使用固定效应模型；如果欲以样本对总体效应进行推论，则应采用随机效应模型。从以上分析看出，中部六省的农村外生性普惠金融发展水平处于相差不大的情况，且中部六省经济实力水平相差不大，为简便起见，在研究影响农村外生性普惠金融发展因素时，本书仅就河南、湖北、湖南中部三个农业大省各自数据资料进行研究。因为研究对象是中部三省的农村外生性普惠金融发展水平，而不是全国的普惠金融发展水平，所以在选取面板模型时选固定影响模型。根据模型形式设定检验方法，确定模型应采用固定影响变系数的模型形式。因此可以初步确定检验各省农村外生性普惠金融发展水平影响因素模型形式为：

$$IFI_{it} = c + \beta_1 IFI_{i(t-1)} + \sum_{j=1}^{n} \delta_j z_{it}^j + u_{it} \qquad (4-6)$$

在模型（4-6）中，$i = (1, 2, 3)$，表示中部三省，即河南省、湖南省、湖北省；$t = (2004, 2006, \cdots, 2013)$，表示年份。模型左边被解释变量 IFI_{it} 表示第 i 省第 t 年的农村普惠金融发展水平，模型右边解释变量 $IFI_{i(t-1)}$ 表示第 i 省第 $t-1$

年的普惠金融发展水平，还有 j 个其他解释变量用 z_{it}^j，j = （1，2，…，5）表示，u_{it} 表示模型误差项，服从独立同分布。c 为常数项，β_1 表示解释变量 $IFI_{i(t-1)}$ 的系数，δ_j 表示解释变量用 z_{it}^j 的系数。

4.4.2　变量选取

根据前面对国内外学者关于普惠金融发展影响因素研究的综述，综合国内外研究状况以及河南、湖南、湖北三省的实际情况，本书主要选取以下变量来衡量其对农村外生性普惠金融发展水平的影响。

（1）普惠金融发展水平指数 $IFI_{(t-1)}$：一国（地区）的当期的普惠金融发展水平会影响其之后的普惠金融发展水平。

（2）农村居民人均收入 z^1：根据研究，农村居民人均收入直接影响到金融机构对其信用的评级，直接影响到农村居民是否被排除在金融机构之外，所以人均收入的增加，会促进当地普惠金融水平的提高。

（3）地区农业产业的重要性 z^2：这个指标表示该地区农业产业的地位，我们可以用农业产值/GDP 来表示，这个比值越高，说明该地区农业产值的地位越重要，是个农业大省。

（4）地区人均 $GDPz^3$：一般来说，地区人均 GDP 越高，说明当地经济越发达，促使金融机构投放金融资源的意愿越大，从而提高该地区普惠金融发展水平。

（5）公路里程数 z^4：本书用地区公路里程数这个交通基础设施指标来反映获得金融服务的便利性，千米数越大，在一定程度上可以反映金融服务更能向弱势地区延伸，相反，千米数越小，则说明交通不方便，会阻碍金融机构金融服务的延伸。

（6）政府调控政策 z^5：根据研究，政府促进普惠金融发展的政策对普惠金融发展水平也有重要影响，在这里我们不能一一列出这些普惠金融政策，就以银保监会于 2013 年 9 月 5 日发布《中国银保监会关于进一步做好小微企业金融服务工作的指导意见》（以下简称《指导意见》）的时间为界限，《指导意见》明确，可适度提高对小微企业不良贷款容忍度，对小微企业贷款不良率高出全辖各项贷款不良率 2 个百分点以内的银行业金融机构，该项指标不影响当年的监管评级。将该政策设置为虚拟变量，有该政策的年份值设置为 1，没有该政策的年份值设置为 0。

4.4.3　数据获取

本书实证数据主要通过 2006～2015 各年的《河南省统计年鉴》《湖南省统计年鉴》《湖北省统计年鉴》；2006～2015 各年的《河南省金融运行报告》《湖南省金融运行报告》《湖北省金融运行报告》等，共 30 个样本数据，使用 Eviews 6.0 进行计量分析。

4.4.4　实证结果

从表 4-5～表 4-7 实证结果我们可以知道，河南、湖南、湖北农村外生性普惠金融发展影响因素模型，如河南的农村外生性普惠金融发展影响因素模型为：

$$IFI_{1t} = -2.026 + 0.946IFI_{1(t-1)} + 0.219z_1^1 - 0.078z_1^2 + 0.090z_1^3 + 0.719z_1^4 - 0.019z_1^5 + u_{1t} \qquad (4-7)$$

以此类推，可写出湖南、湖北两省的农村外生性普惠金融发展影响因素模型。从模型实证结果可以看出，上年的农村外生性普惠金融发展水平对河南、湖南、湖北的农村外生性普惠金融发展的影响最大，而且是正向影响，影响系数分别为 0.946、0.922 和 0.965；其次，河南、湖南、湖北的公路里程数对农村外生性普惠金融发展的影响也较大，影响系数分别为 0.719、0.828、0.803，且影响也是正向的；人均收入和人均 GDP 对农村普惠金融发展水平的影响也是正向的，地区人均收入水平越高，其获得金融服务的可能性就越大，金融机构支持的意愿也就越大；从模型实证结果还可以知道，地区农业产业的重要性与政府调控政策对农村外生性普惠金融发展的影响都是负向的，地区农业产业的重要性对农村外生性普惠金融发展的影响具有负效应，说明中部三个农业大省的农业资源对金融资源的吸引力还不够，银行等金融机构对农业的支持力度不够，这与中部三省农业产业化程度有关，农业产业化程度直接影响金融资源对其青睐的程度。政府调控政策对农村外生性普惠金融发展的负效应说明，在中部三省政府鼓励发展普惠金融的政策有时往往不能促进普惠金融的发展，反而会对普惠金融发展产生阻碍作用。这在一定程度上反映出我国银行等农村外生性普惠金融机构对央行、银保监会等监管机构的文件"有令不行"的现象，外生性农村金融机构投放金融资源最大的动力还是来源于"高利润、低风险"项目，而对一些"高风险、低利润"农业项目是避而远之，即使有政策，也仅是停留在"应付"阶段。

表4-5 模型系数估计结果输出

	IFI$_{(t-1)}$				z^1				z^2			
	系数	标准差	T值	P值	系数	标准差	T值	P值	系数	标准差	T值	P值
HENAN	0.946**	0.176	35.412	0.000	0.219**	0.187	8.968	0.002	-0.078**	0.243	-7.341	0.006
HUNAN	0.922**	0.134	38.728	0.000	0.228**	0.122	9.878	0.007	-0.056**	0.151	-7.395	0.000
HUBEI	0.965*	0.160	39.904	0.000	0.103**	0.060	8.712	0.003	-0.042*	0.405	-7.011	0.000

	z^3				z^4				z^5			
	系数	标准差	T值	P值	系数	标准差	T值	P值	系数	标准差	T值	P值
HENAN	0.090**	0.156	7.814	0.000	0.719**	0.187	23.168	0.003	-0.019**	0.243	-6.871	0.008
HUNAN	0.052**	0.194	7.256	0.000	0.828*	0.122	20.878	0.005	-0.038**	0.151	-6.995	0.000
HUBEI	0.073**	0.131	7.504	0.000	0.803**	0.161	22.712	0.007	-0.027**	0.405	-6.613	0.000

注：*、**分别表示在10%、5%水平上显著。

表4-6 各省农村外生性普惠金融发展水平影响因素模型中的固定效应输出

固定效应	系数	标准差	T值	P值
HENAN—C	-2.026	0.027	-168.812	0.000
HUNAN—C	-2.904	0.054	-184.928	0.000
HUBEI—C	-3.481	0.061	-293.404	0.000

表4-7 模型检验效果

R^2	0.86992	因变量均值	16.05106
调整 R^2	0.85891	因变量 S.D. 值	14.02549
F 统计量值	24.64003	杜宾检验值	1.64100

4.5 结 论

从以上实证分析得出结论，从2007年到2015年近10年间，中部六省农村外生性普惠金融发展水平都有所提高，且农村外生性普惠金融发展指数都没有出现 0 值的情况。但具体来说，从总体上来看，2007～2015 年，湖南的农村外生性普惠金融发展水平处于中部六省当中的最高水平，其次是山西、湖北、安徽、江西、河南，但是，河南的农村外生性普惠金融发展水平增长速度最快。从分析农村外生性普惠金融发展的影响因素来看，滞后一期的普惠金融发展水平、公路里程数对一省农村外生性普惠金融发展的影响最大，且影响是正向的；人均收入和人均 GDP 对农村外生性普惠金融发展水平的影响也是正向的；而地区农业产业的重要性与政府调控政策对农村外生性普惠金融发展的影响都是负向的。

从上述实证分析得出，当前我国外生性农村普惠金融的发展水平距离真正意义上的普惠金融还有很大差距，甚至在一些偏远的农村地区还存在着金融服务空白的现象，这从根本上制约了农户享受高效、便捷的金融服务。而且即使在不存在金融服务空白的地区，农村金融机构的布局也偏离农村，如我国村镇银行和小额贷款公司大多选择在经济条件较好的城区或郊区，很少设立在乡村；而且村镇银行和小额贷款公司追求的金融服务对象大多是富裕客户、种养专业大户以及农村规模效益较大的企业，远离了低端农村客户。我国农村普惠金融的发展之所以会遇到这些问题，归根到底还是因为我国现行对农村普惠金融体系的研究和改革实践仍是从金融机构和金融供给的角度出发，仍是一种政府主导的外生性农村金融发展模式，而不是农村经济主体自主性的内生发展模式。既然农村金融需求和金融供给都内生于农村经济主体，那么应当从支农供给内生特性的角度去改造现有的农村金融机构，农村普惠金融内生机制应坚持市场调节为主，政府引导为辅。一是主要通过市场机制引入各类新型农村金融机构，鼓励适度竞争；二是要充分发挥政府的引导和调控作用，推进各类农村金融机构实行普惠金融；三是确保农村金融机构既要有盈利的基础，也要有兼顾社会责任的动力。

第5章 我国农户信贷供求状况及适应性分析

5.1 相关文献研究

在我国,"三农"问题一直是我国经济发展中迫切需要解决的问题,且"三农"问题的核心表现为农民收入低、贷款难、增收难,城乡居民贫富差距大。而在我国广大农村金融市场上,特别是欠发达农村地区的金融服务仍然存在整体水平不高、服务功能不健全、不完善、金融机构结构单一、产品单一、农村金融有效供给不足等诸多问题,这与我国农村金融服务需求越来越大的现实是极其不匹配、不相适应的。这种不适应性已经严重阻碍了我国农民收入增加、农业增长、农村经济发展。因此,要破解"三农"问题,必须破解农村"贷款难"问题,而破解农村"贷款难"问题,就需先了解我国农村金融信贷市场上信贷供求的适应程度问题,从而对症下药,从根本上解决我国"三农"问题。

5.1.1 国外有关农户信贷供需方面的研究

Khandker 和 Faruqee(2003)认为,农户获得的正式借贷用于生产和投资的比例高于获得的非正式借贷。Jayaratne 和 Wolken(2001)认为,中国的非正式借贷并非更适合于农户借贷,从而对张五常提出的农户借贷的"成本优势假说"提出质疑。Kochar(2007)认为,大部分农户不贷款是由于缺乏有效的借贷需求而不是供给不足,努力扩大正式借贷可能仅仅是对非正式借贷的替代,边际效益较小。同时，国外学者普遍认为发展中国家农户对正规信贷的需求主要以生产为主，对非正规信贷的需求以非生产为主（Pham Bao Duong and Yoichi Izu – mida，2002；F. N. Okurut，A. Schoombee and S. Van DerBerg，2005）。

关于影响农户借贷的影响因素方面，Schoombee（2005）把影响非正规贷款者配给行为的借款者特性归纳为：以前的商业关系的强度、市场上的声誉、关联市场的借贷合约的接受程度、偿债能力和财富状况。Ho（2004）认为，贷款期限、贷款额度、家庭人口数以及家庭财产等因素显著影响农户的借款选择。Pal（2006）对印度 ICRISAT 的三个村庄进行调查，并通过多元 Logit 回归模型来分析影响农户借贷行为的因素，发现农户拥有的土地价值越高，越有可能获得正规借款。Nguyen（2007）利用 1993～1998 年的调查数据，通过建立单变量和多变量的 Probit 模型，对农村正规、非正规信贷市场的特征及其对信贷可得性的影响进行了分析，结果显示，固定资产拥有量、教育、健康、距离银行的远近，对农户的信贷需求和供给有着积极的影响。Mpuga P.（2011）利用 Pobit 模型、Tobit 模型、Logit 模型来分析影响乌干达农村信贷需求市场的因素，发现位置、年龄、教育水平、职业、农户拥有的资产和其他住所方面的特征对农户的信贷需求具有重要的影响。

关于农户信贷供给方面的研究，学者 Swain R. B.（2007）对印度正规金融机构的信贷配给行为进行了分析，他分三种情况对其进行了详细的分析。首先，假设农户的信贷需求只取决于金融机构的贷款决策，借助单变量的 Probit 模型进行分析，结果显示，正规金融机构的配给程度为 71%；其次，假设农户信贷需求取决于农户自身的贷款意愿和金融机构的贷款决策，运用双变量的 Probit 模型进行分析，结果显示，正规金融机构的配给程度为 60%；最后，他假设农户可以自由地在正规金融部门和非正规金融部门之间进行选择，他通过建立二部门模型对其进行分析，结果显示，正规金融机构的配给程度为 72%。

5.1.2　国内有关农户信贷供需方面的研究

大部分意愿调查法认为所有样本农户都是有信贷需求的，然而刘西川（2009）的实证研究发现，相当数量的农户（包括贫困户）缺乏信贷需求，或者有效信贷需求不足（蒲应龚，2008；钟春平，2010）；宋磊等（2008）通过对山东泰安市农村金融市场的调查也发现农户信贷需求强度不足。农户信贷需求存在需求主体数量庞大、高度分散、抗风险能力弱、单笔贷款规模小、金额逐渐增加的特点（李锐，2010；李延敏，2010；顾宁，2012；）；农户作为一个基本的生产和生活单位，既需要生产性贷款，又需要生活性贷款（周宗安，2010）。也有学者研究显示生活性借贷已超过生产性借贷的比重，并且越是低收入户，用于生产的比重越低（马晓青、黄祖辉，2010）。韩俊（2007）、何广文（2008）、范丽丽（2012）、刘群（2013）等还指出，农户借贷的用途除了生活性借款、生产性借款以外，还有非正常用途，指既不用于生产经营，又不直接用于生活消费的借款，主要是指为应付一些突发性事件的资金用途，而这些突发性事件往往具有发生时间偶然性、资金需求规模不定、融资时间弹性小的特点，比如自然灾害、死亡、疾病和婚嫁随礼等，且其比重近几年有扩大的趋势。王晓凤（2013）指出，从年龄结构看，在31~50岁时，是信贷发生率较高的时期，也是农户更倾向于生产性借贷需求的最高时期，而年龄较小或较大的农户则更倾向于生活性借贷的需求。

关于影响农户借贷的影响因素方面，理论界主要从农户自身状况农户年龄、受教育年限、家庭纯收入以及医疗卫生和教育总支出、农村金融市场、农村金融监管、农村金融政策以及借贷利息率、贷款期限、借贷环节的抵押和担保等方面，展开了较为深入的研究（石志平，2012；王定祥，2011；龚良红，2010；熊学萍，2007；王曙光等，2006；宋磊等，2006；史清华，2006）。马晓青和黄祖辉（2010）比较研究了苏北、苏中、苏南三个地区在贷款用途、融资渠道、融资偏好等方面的差异性。发现信贷需求数量与农户收入具有显著的负相关性：苏北农户信贷需求的频率最高，但借款金额相对较小，大多是消费性用途；苏中农户信贷需求的频率相对较低，但借款金额较大，贷款主要用于生产性用途；苏南农村已经完全城市化，信贷需求主要是消费性用途。

为了更科学准确地把握农户信贷需求的影响因素，一部分研究者就调研获取的现实数据建立模型来进行分析。韩俊、罗丹、程郁（2007）应用Probit和Tobit模型对农户借贷的发生率和借贷需求规模进行估计。发现利率并不是农户借贷所考虑的主要因素，农户的家庭收入、生产经营特征和家庭特征才真正影响和决定农户借贷需求行为。刘西川、黄祖辉等（2009）采用改进了的二阶段的Tobit II 模型来估计影响农户贷款需求及其规模的因素。谢昊男（2011）利用浙江宁海县171户有效样本数据，通过建立受限因变量模型，采取审查数据（Cen-soredData）的计量方法和Tobit模型，对影响农村信贷需求的主要因素，如借款总额、年龄与受教育程度、家庭总收入、农业和非农业生产经营性支出，大额生活消费性支出和贷款笔数等变量进行极大似然估计，对于估计结果进行似然比（LR）检验。结果显示，主要的人口学特征变量、农业生产支出和生活消费支出变量并不显著。王志刚（2012）通过随机问卷调研方法和 Logit 模型对农户小额信贷需求的影响因素进行分析后得出：第一，无法提供担保的农户申请意愿较低，农户自知在同等条件下，能够提供担保的农户比没有担保的农户更容易获得信贷资金，农户自知申请难以获批，申请意愿较低。第二，社会关系资本对农户的申请产生正向影响，当农户有丰富的社会关系时，借贷需求更倾向于依靠广泛的社会关系来争取信贷资金支持。

有关农村信贷供给方面的研究，龚良红（2010）研究认为正规金融机构受政策约束，追求自身利润最大化，提高贷款质量而选择更严格的信贷配给；杨功敏（2013）的研究指出，当农村融资环境严重扭曲，农村经济发展资金严重不足，信贷管理存在几大弊病，银行的经营模式不利于农村经济发展，银行实行零风险信贷管理严重脱离实际，银行信用评级条件过于苛刻；王晓凤（2013）通过调查研究发现，农村正规金融机构由于自身的不足或外部环境制约而没有很好地服务于"三农"，主要有以下三个原因：农村金融供给存在总量不足、有限的金融供给不能满足农村多元的金融需求、农村金融监管不足。关于农村信贷供给方面的研究，学者通过实证研究得出农村正规金融机构存在贷款难、贷款利息高、借款手续繁杂等问题从而在一定程度上影响了农户贷款的积极性（杨功敏，2013；王晓凤，2014）。

通过上述文献整理，发现国内学者关于农户信贷供需求，包括供需求行为、特征、影响因素等方面都做了大量研究，这些研究为本书关于农户信贷供需求的分析提供了丰富的学术资料，本章以湖南省益阳市为例对农户信贷供需求状况及适应性进行深度研究。

5.2　湖南省农村信贷供求状况

作为农业大省，2019 年，湖南认真贯彻落实中央经济工作会议和"一号文件"精神，坚持农业基础地位不动摇，加大农业投入，及时兑现各类农业优惠政策，大力发展优质、高产、高效农业，全省农村经济持续向好，稳中有增。2019年，湖南省实现农林牧渔业增加值3850.19亿元，同比增长3.5%，增速高出全国水平0.3个百分点。其中，农业增加值2123.97亿元，增长3.6%；林业增加值319.16亿元，增长9.4%；牧业增加值916.32亿元，下降2.2%；渔业增加值287.51亿元，增长7.1%；农林牧渔专业及辅助性活动增加值203.24亿元，增长8.2%。2019年，湖南省农村产业发展成效明显。

（1）农业优势特色产业发展形势较好。2019年，全省各地大力培育优势特色农业产品，加快推进"一县一特""一特一片"产业发展，积极打造十大特色优势农产品全产业链力争上千亿产值，发展成效开始显现。据有关部门测算，2019年全省畜禽产业全产业链产值可达3250亿元，粮食、蔬菜产业全产业链产值可达2950亿元、1860亿元，水果、水产、茶叶、中药材、南竹、油茶、油菜产业全产业链产值分别可达750亿元、740亿元、700亿元、530亿元、460亿元、430亿元、410亿元，其中茶叶、油菜、油茶、中药材、南竹产业发展较快，增长速度均超过10%。

（2）农产品加工收入大幅提高。2019年，全省围绕农产品加工业的政策配套和重点扶持等关键环节，以培育提升带动牵引功能为核心，着力培育壮大龙头企业、打造标杆企业、支持中小微企业发展，形成梯次发展的农产品加工企业集群，推动了全省农产品加工业高质量发展。初步统计，2019年全省农产品加工企业实现营业收入1.8万亿元，同比增长9.0%；实现利润646亿元，增长9.5%；上缴税金1123.5亿元，增长7.0%；出口创汇33.9亿美元，增长6.0%。全省新增国家重点龙头企业13家、省级龙头企业173家，规模以上农产品加工企业达到4950家，销售收入过100亿元企业6家、50亿~99亿元企业5家、10亿~49亿元企业85家。

（3）农业休闲旅游经济发展加快。2019年，全省通过深入实施休闲农业与乡村旅游精品工程，着力开展休闲农业示范创建工作，休闲农业和乡村旅游加快发展，涌现了一大批休闲农业示范农庄，培育了一大批休闲农业集聚发展示范村，推介了一大批休闲农业与乡村旅游精品旅游线路，已基本形成点、线、面同步推进、"一心一区三带"齐头并进的农业休闲产业新格局。初步统计，2019年全省休闲农业经营主体达1.76万家，年接待游客超2.1亿人次，增长7.1%；年经营总收入突破480亿元，同比增长8.9%。

（4）农村居民收入持续较快增长。2019年，全省农村居民人均可支配收入15395元，同比增长9.2%，增速比上年提高0.3个百分点。按结构分，工资性收入6224元，增长7.9%；经营净收入5268元，增长10.1%；财产净收入209元，增长16.4%；转移净收入3694元，增长10.0%。财产净收入快速增长，经营净收入、转移净收入较快增长。农村居民人均可支配收入增长快于城镇居民，增速高出城镇居民0.6个百分点。

（5）涉农贷款快速增长。2019年全年全省新增贷款5829.8亿元，同比增长1227.9亿元。从信贷投向来看，全省信贷结构持续优化，有效地支持了实体经济的发展。2019年1月至12月，全省制造业贷款新增220.7亿元，同比增长29.4亿元；基础设施类贷款新增1061.1亿元，同比增长219.5亿元；个人住房消费贷款新增1534.5亿元，同比减少32.1亿元。值得关注的是，2019年全省涉农、小微贷款保持平稳增长态势。2019年全年全省新增涉农贷款1245.4亿元，同比增长258.3亿元；新增小微企业贷款924.5亿元，同比增长416.6亿元；普惠口径小微企业贷款新增621.6亿元，同比增长98.2亿元。2019年涉农贷款占新增贷款比重21%，说明2019年湖南省金融支持"三农"发展的力度又上了一个台阶。

以上数据说明湖南省农村经济增长状况良好，农村居民收入增幅较大，但从一些金融数据分析可知，湖南省农村经济发展金融支持力度仍然有待提高。目前，湖南涉农贷款投放力度虽有加大，但从总体上来看金融机构用于扶持农业发展的贷款比例并不高，2019年末农林牧渔业贷款余额占全部贷款余额的比重仅为3.1%，远低于第一产业在经济总量中12.6%的比重。

5.2.1 农村信贷需求状况

笔者通过设计调查问卷对湖南省农村信贷需求进行了解。本次调查发放的调查问卷共计400份，在湖南省内随机选取20个乡村，每个乡村选取20户农户进行调查。并在不同的乡村随机访问农户，考虑到受访农户的教育水平及其对问卷的理解程度，问卷调查基本上是采用由调查者提问，农户回答，调查者代为填录问卷的形式，收回的问卷均为有效问卷。调查问卷由三部分组成：①农户基本情况，包括年龄、受教育程度、家庭总人口数、家庭年收入和支出等；②农户资金需求情况，包括农户资金是否短缺、资金来源、贷款用途等；③银农关系，包括农户有无贷款记录、贷款来源、贷款额度及获得的难易程度等。

根据调查，样本农户家庭的规模一般较小，平均每户4人，3~5人属于常见范围，一共有70户，占总数的70%。平均劳动力3人，占87.6%。调查显示，样本农户普遍受教育水平较低，其中将近20%的农户其教育水平显示为小学程度或文盲，初中程度的农户占样本数58%，只有17%左右的样本农户受过高中教育或获得中专文凭，而且只有5%的样本农户受过大专以上教育。农户受教育水平影响，导致农户对金融机构、信贷、信贷可获得性等信息缺乏，调查发现，一些农户甚至觉得只有靠关系才能获得贷款，甚至一些农户认为贷款等同于国家财政拨款，基本上是不用偿还的。另外，根据调查还发现，一些农户有信贷需求，但不知道怎么办理贷款等信息。经调查数据分析得知，20个样本乡村农户融资额度现状见表5－1：

表5－1 农户贷款金额分布表

贷款金额（元）	正规借贷数（户）	比例（%）	民间借贷数（户）	比例（%）
<1500	4	6.7	12	12.0
1500~5500	12	20.0	36	36.0
5501~10000	20	33.3	28	28.0
10001~20000	12	20.0	16	16.0
>20000	12	20.0	8	8.0
总计	60	100	100	100

数据来源：问卷调查。

样本数据共400户，其中40%的农户产生了信贷活动。在有信贷行为的农户中，从正规金融机构获得贷款的有15（60）户，进行民间信贷行为的有25（100）户，其中两种融资方式都有涉及的农户占20户，因此总共160户农户具有信贷融资活动。由表5－2可知，在融资方式选择上，因融资便利性、快捷性等特征，农户更加倾向于选择民间借贷来满足其资金需求。而通过银行获得信贷资金则较少，金融机构针对农户的信贷产品较少、信贷审批流程较长、手续较为烦琐等原因造成农户从金融机构获得的信贷资金较少。虽然近年来桃江县的正规贷款机构不断增加其信贷的种类，扩大其信贷规模，完善信贷方式，但还是不能满足大部分农户的信贷需求，因此为了满足资金需求，部分农户转向了民间信贷。

　　在农户信贷的用途方面：在选取的样本中，有信贷需求的农户，无论其来源是正规金融机构还是民间信贷组织，其贷款用途主要是用于农户进行工商业的投资以及农林牧渔业的发展，其次是子女的教育支出。主要目的是为扩大生产规模提供充足的资金，提高家庭收入水平，以及使子女得到更优的教育。具体数据见表5－2：

表5－2　农户信贷用途情况表

用途	正规户数	比例（%）	民间户数	比例（%）	总户数	比例（%）
修建房屋	8	13.3	12	12.0	20	12.5
教育支出	8	13.3	16	16.0	24	15.0
婚丧嫁娶	8	13.3	8	8.0	16	10.0
医疗支出	0	0	4	4.0	4	2.5
农林牧渔业	16	26.7	20	20.0	36	22.5
工商业投资	20	33.4	40	40.0	60	37.5
总计	60	100.0	100	100.0	160	100.0

　　数据来源：问卷调查。

5.2.2　农村信贷供给状况

　　随着农村经济和金融体制改革的进一步展开，我国农户信贷供给体系也得到进一步发展与演变。特别是改革开放四十多年来，农户信贷供给主体从单一的国家银行系统逐渐演化为目前以农业银行、农业发展银行、农村信用合作社等组成的正规金融机构与非正规金融机构并存的局面。通过整理资料发现，湖南省农村金融市场上的信贷供给主体也包括正规金融机构与非正规金融机构两大部分，其中正规金融机构包括中国农业银行、村镇银行、农村信用合作社、农村商业银行以及邮政储蓄银行；非正规金融机构主要包括私人借贷，农户往往喜欢向周边的亲朋好友借贷，因为如此便可以避免金融机构贷款期限短、利息高等因素所带来的不便，所以便导致一大部分农户选择了向非金融部门借贷来渡过难关。具体见图5－1。

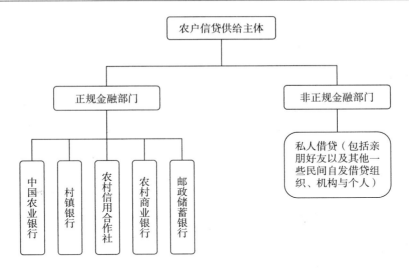

图 5 – 1 农户信贷供给主体结构

虽然农户信贷供给主体呈现多元化特征，但从总体来看，我国农户信贷供给主体仍然较为单一，根据调查显示，在样本乡村农户中，有 62.48% 的农户和 46.01% 的农户近年来首选农村信用社为其借款的主要渠道，有 24.92% 的经济状况较好且多在县域范围或县郊区的个体经营农户能够获得农业银行的贷款，仅有 3.83% 的农户获得邮储银行的贷款，而农户从村镇银行或小额贷款公司获得的支农贷款比例则更低。在农村信贷市场中，农村信用社目前仍是占信贷投放的主体地位，由于其相对的"垄断"地位使得农村信用社缺乏竞争压力，导致农村信贷产品创新动力不足，信贷产品供给有限。

5.3 农户信贷需求影响因素
——以益阳市桃江县为例

5.3.1 益阳市桃江县农业发展概况

湖南省益阳市桃江县地处湘中偏北，因境内桃花江而得名，总面积 2068.35

平方千米，其中平原面积为543.86平方千米，占全县总面积的26.35%，山地占27.26%，丘陵占29.46%。桃江县共辖15个乡镇，于2013年成功引进华融湘江银行，桃花江小额贷款公司也成功开业，该县成为益阳市第一个建设银行"助保贷"试点县。2016年末全县金融机构各项存款余额为1597850万元，比年初增加240367万元，各项贷款余额为599106万元，增加43174万元，城乡居民储蓄存款余额为1227672万元，增加200131万元。① 目前桃江县的总人口数是88.91万人，常住人口78.6万人，城镇化率为37.79%，农户总人数为55.3万人。因此对于桃江县来说，农户人口占大多数。

表5-3 桃江县2016~2018年农业发展概况

年份	2016	2017	2018
农林牧渔业总产值（亿元）	47.00	49.73	55.84
粮食播种面积（万亩）	96.70	97.32	98.15
油料面积（万亩）	27.92	28.23	28.67
粮食总产量（万吨）	36.44	35.74	36.70
肉类总产量（吨）	78547	79920	83997
生猪出栏数（万头）	92.76	93.22	96.95
家禽出笼数（万羽）	582.10	577.70	569.61
禽蛋产量（吨）	18242	19628	20021
水产品产量（吨）	7580	8105	8726

数据来源：湖南益阳统计信息网。

从表5-3可以看出，粮食播种是桃江县农户开展的最主要的农业生产活动，尤其是油料的种植，主要的粮食品种是水稻，并且其种植面积和总产量均呈现出逐年增加的趋势。养殖产业发展也较快，肉类、禽蛋产量增长较为平稳。因此，农户在发展农业及其相关产业时，由于其生产周期较长，在生产与再生产的过程中需要更多资金对其发展进行支持，因此桃江县农户的金融需求较大。笔者对桃江县2015~2018年各金融机构的存贷款数据的统计，见表5-4：

---

① 桃江县2014年国民经济和社会发展统计公报。

表5-4 2015~2018年桃江县金融机构存贷款数据 单位：万元

年份	2015	2016	2017	2018
县财政总收入	58100	73300	87101	93691
存款余额	1010993	1181264	1356483	1596850
个人储蓄余额	707538	865741	1027342	1227472
贷款余额	413966	465681	555832	599006
存贷差	597027	715583	800651	997844

数据来源：湖南益阳统计信息网。

由表5-4可知，桃江县的经济在不断地发展，城乡居民个人储蓄存款余额历年递增，这说明桃江县居民的经济收入也在逐年增加。从2015年到2018年各金融机构的存贷差不断扩大。由此可以看出，桃江县农户有较大的资金需求，桃江县农村金融机构具有较广大的金融市场。

5.3.2 益阳市桃江县农户信贷需求影响因素

5.3.2.1 内生影响因素

根据调查结果，笔者进一步分析影响桃江县农户信贷需求的因素。根据信贷需求理论分析，影响农户信贷需求的主要内生因素有：农户的家庭收入情况、农户的生产性支出、农户的非生产性支出、农户借款利率以及农户的生产经营规模等因素。根据理论分析，上述内生因素对农户信贷需求的影响如下：

（1）农户的家庭年收入，信贷需求理论上表明家庭收入对农户小额信贷需求的影响是负向的，即农户家庭年收入越高，其信贷需求越低。

（2）农户的农业生产性支出，这可以显示出农户的农业生产规模，从理论上来说，农户的农业生产性支出对农户信贷需求的影响是正向的，即农户的农业生产性支出越大，农户的信贷需求越大。

（3）农户的非生产性支出，这可以显示出农户的非农业生产规模，从理论上来说，农户的非生产性支出对农户信贷需求的影响也是正向影响。

（4）农户的生活性支出，从理论上来说，农户的生活性支出对农户信贷需求是正向影响。

（5）农户的子女教育支出，从理论上来说，农户的子女教育支出对农户信贷需求是正向影响。

5.3.2.2 外生影响因素

影响农户信贷需求的外生因素主要来自放贷机构，包括借贷利率、金融排斥、贷款期限、贷款类型等。

（1）借款利率。利率代表资金价格，根据可贷资金需求模型，资金价格即利率越高，信贷需求越低；利率越低则信贷需求越高。对农户来说，劳动力的闲置程度是有限度的，劳动力存在着机会成本。一个项目在支付完利息后所赚到的钱，如果比劳动力外出打工赚到的工资还要少的话，那么大部分农户根本不会决定去进行这一项目，况且一个项目无论规模大小总是存在风险的，然而打工的工资收入几乎是十分稳定的。由此，我们知道，农户对借款利率是较为敏感的，借贷利率的高低将直接影响农户的信贷需求。

（2）金融排斥。金融排斥是指一个社会中，某些群体不能以恰当的方式或形式进入金融体系，从而得到恰当的金融服务。从笔者调研数据来看，在样本农户中，仅有15%的农户从正规金融机构获得信贷支持，其余20%虽然也获得信贷支持，但其获取资金的来源不是正规金融机构，而是来源于民间借贷，如亲朋好友的无息或有息贷款或一些民间放贷机构（高利贷）。这也可以从侧面反映出绝大多数农户没有抵押物和缺少担保人，加之正规金融机构的信贷门槛相对较高，这使得农户不能获得贷款；此外，银行给予的可贷资金额度小、信贷程序复杂，往往也不能满足农户在生产中的即期大额支出，从而产生金融排斥。所以，从理论上来讲，金融排斥对农户信贷需求会产生负向影响。

（3）贷款期限。由于农户有可提前还贷的主动权，因此不存在因贷款期限过长而影响农户信贷需求的问题。当贷款期限与生产周期或按收入进行还款的计划时间相吻合时，农户贷款需求达到最大。在此期限之下，贷款期限越短，需求越小。

（4）贷款类型。根据调查，得知目前农村金融机构向农户提供的贷款品种主要分为抵（质）押贷款和担保贷款。而根据调查，笔者发现农户缺乏银行所要求的标准抵（质）押物，现行农户贷款更多的是信用担保贷款。而根据对农户的访问得知，一般农户不愿意为其他农户的贷款提供担保，即使有信用担保贷款，其担保额度也较小。虽然在现实中也有一些新型抵押物出现，如林权、承包权等抵押，但这些抵押物在办理相关手续时也较为繁琐、耗时长、费用高，如要到县级相关部门才能办理抵押登记、评估手续，评估事务所在为贷款户办理抵押物评估手续前，都要到现场勘察抵押物。办理一笔贷款抵押登记评估手续，前前后后需要一个多月时间，等贷款到手，往往已经耽误了农时，错过了市场需求。且对于短期中小额贷款而言，在取得所需贷款的过程中所花费的费用，有时甚至比他们贷款所支付的利息还高。因此，农户信贷需求与贷款类型是高度相关的。

5.4　农户信贷需求影响因素的 Tobit 分析

5.4.1　分析模型

本书采用 Tobit 方法，运用调查得来的实际数据来对农户借贷需求的影响因素进行估计。具体的计量模型如下：

$$Y = X_i\beta + \sigma\varepsilon_i \tag{5-1}$$

式（5-1）中，Y 代表农户实际信贷融资额；β 是各解释变量的待估参数；ε 是随机变量；X_i 表示影响农户信贷融资的各影响因素。X_1 表示农户的家庭年收入；X_2 表示农户的农业生产性支出；X_3 表示农户的非农业生产性支出；X_4 表示农户的生活性支出；X_5 表示农户的子女教育支出；X_6 表示农户借贷利率；X_7 表示金融机构信贷排斥。笔者认为农户信贷需求主要受其内生性因素及外生性因素中的借贷利率和信贷排斥影响，因此，在建立模型时，笔者主要将上述七个因素纳入模型中。

为方便起见，笔者对没有发生过信贷融资的农户 Y 值设置为 0，因此，凡是没有发生借贷的农户观察值都在审查范围内，即当 $y^* = 0$ 时，可以令 $y = 0$，而当 $y \neq 0$ 时，令 $y = y^*$。以公式表示如下：

0

$$y = \begin{cases} \text{如果 } y^* = 0 & \text{则 } y = 0 \\ \text{如果 } y^* > 0 & \text{则 } y = y^* \end{cases} \tag{5-2}$$

而且，笔者对于金融排斥这个特殊因素的影响赋值也进行了设定，假定农户从金融机构获得信贷则其金融排斥为赋值为 0，若没获得信贷资金则其金融排斥赋值为1。对于根据所获调查数据、所涉及的各种因素，设定估计模型如下：

$$Y = \beta_1 X_1 + \beta_2 X_2 + \beta_3 X_3 + \beta_4 X_4 + \beta_5 X_5 + \beta_6 X_6 + \beta_7 X_7 + C \qquad (5-3)$$

其中 Y 表示农户的信贷融资额，这里农户信贷融资额度既包括农户从正规金融机构获取的信贷金额，也包括从民间途径获取的民间借贷金额。

笔者将调查的农户数据进行统计的情况见表 5-5：

表 5-5　Tobit 分析结果

被解释变量：Y

方法：Tobit 分析法

调整样本数：40

	系数	标准误差	z 统计量值	概率值
C	-2455.482	0.223807	-3.222600	0.0013
X_1	-0.570229	0.341385	-1.670337	0.0949
X_2	0.949601	0.368999	2.573454	0.0101
X_3	0.968357	0.145391	6.660369	0.0001
X_4	1.630165	0.397359	4.102498	0.0000
X_5	1.331207	0.191926	6.936055	0.0000
X_6	-0.430145	0.291685	4.875654	0.0000
X_7	-0.240127	0.331091	-1.293836	0.0949
误差值分布				
	（系数）	（标准误差）	（z 统计量值）	（概率值）
	4569.424	681.0607	6.709276	0.0000
均值	13420.00	标准方差	16209.49	
回归标准误差	4108.045	对数自然值	-333.7572	
残差平方和	4.73E+08	平均对数自然值	-9.535921	

由表 5-5 可得到如下模型：

$$Y = -2455.482 - 0.57X_1 + 0.95X_2 + 0.97X_3 + 1.63X_4 + 1.33X_5 - 0.43X_6 - 0.24X_7 \qquad (5-4)$$

由表 5-5 的分析数据可以得知，农户的家庭收入、农业生产性支出、非农业生产性支出、教育支出、借贷利率、信贷排斥等因素都通过 5% 水平显著性的检验，这些因素对农户的信贷需求都有显著影响，从表 5-5 中可看出，农户的生活支出对农户信贷需求的影响并不显著。

而且，从表 5-5 中可以看出，农户的农业生产性支出、非农业生产性支出、教育支出等因素对农户的信贷需求具有正向影响；而农户的家庭收入、借款利率、金融排斥等因素对农户信贷需求具有负向影响。

5.4.2 实证结果

由表 5-5 的数据可以得知，农户的家庭收入、农业生产性支出、非农业生产性支出、教育支出、借贷利率、信贷排斥等因素都通过 5% 水平显著性的检验，这些因素对农户的信贷需求都有显著影响，而农户的基本生活支出对信贷需求的影响并不显著。由上述的模型可以得知，年收入、借贷利率、信贷排斥负向影响信贷需求，而农业支出、非农业支出、生活性支出和教育支出正向影响信贷需求。

（1）农户的家庭收入对农户的信贷需求产生负向影响。农户的家庭收入越高，农户的家庭财产越多，农户的盈余资金会越多，而且会形成良性循环状态，即富裕农户会越来越富，其信贷需求则相对较低；而家庭收入较低的农户因其盈余资金较少，导致生活支出占其收入比例较高，即恩格尔系数较大，导致其盈余资金较少，从而农户信贷需求增加。

（2）农户的农业生产支出对农户信贷需求产生正向影响。以农村养殖户为例，养殖大户因其养殖规模较大，而由于养殖业的特殊性，其投入到产出的周期较长，因此养殖户前期投入的资金规模较大，较长的养殖周期决定了其对资金需求增大，从而农户信贷需求增加。

（3）农户非农业生产支出对信贷需求产生正向影响。根据调查得知，农户在进行非农业性的生产活动时如开销小等，盈利一般要比其从事农业生产的盈利高。在进行非农业生产性活动中，为追求更高的盈利，需要更多资金支持，因此农户信贷需求增加。而且根据问卷调查，随着新农村建设的开展，一部分农户的土地被征收，这些农户的非农业生产经营支出占家庭支出的比例相对较大，并且呈现逐年增加的趋势。

（4）农户的教育支出对信贷需求产生正向影响。调查显示，现行农村家长对子女教育问题非常重视，希望自己的子女通过教育改变自己甚至是整个家族的命运。因此，农户对子女教育投入非常舍得。调查显示，农村子女教育支出占农户家庭开支的大部分，这当中包括子女每年的学费，生活费、各种学习资料等，特别是高等教育经费，难以一次性进行支付，部分家庭选择高校贷款来确保孩子完成学业。因此农户家庭的教育支出越高，对信贷的需求越大。

（5）借款利率对农户信贷需求呈现负向影响。金融机构借款利率越高，农户信贷需求越小；反之，金融机构借款利率越低，农户信贷需求越大。

（6）金融排斥对农户信贷资金需求呈现负向影响。由于金融机构对农户放贷存在较高门槛，这使得大部分农户更倾向于向亲朋好友或者放贷机构筹借周转资金用来应急，这也在一定程度上反映了正规金融机构对于一般的农户存在着金融排斥。金融排斥因素对农户信贷需求有负向影响，金融排斥强则农户信贷需求也小，而金融排斥越弱则农户信贷需求越大。

5.4.3 结论及对策

5.4.3.1 结论

本部分通过对湖南省益阳市桃江县农户借贷情况的调查，对农户的经济行为和信贷需求及影响因素分析，并使用 Tobit 模型对影响农户信贷需求的因素进行分析，并通过问卷调查所得的数据得出以下结论：

我国农户存在大量潜在信贷需求，而且信贷需求量呈逐年递增之势，但总体上仍以小额信贷需求为主。根据笔者的调查发现，有信贷需求的农户，无论其来源是正规金融机构还是民间信贷组织，其贷款用途主要是用于农户进行工商业的投资以及农林牧渔业的发展，其次是子女的教育支出。主要目的是为扩大生产规模提供充足的资金，提高家庭收入水平，以及使子女得到更优的教育。而且根据实证分析可以得知，农户的家庭收入、农业生产性支出、非农业生产性支出、教育支出、借贷利率、信贷排斥等因素都通过 5% 水平显著性的检验，这些因素对农户的信贷需求都有显著影响，且从表 5-2 中可看出，农户的生活支出对农户信贷需求的影响并不显著。另外，从表 5-5 中可以看出，农户的农业生产性支出、非农业生产性支出、教育支出等因素对农户的信贷需求具有正向影响；而农户的家庭收入、借款利率、金融排斥等因素对农户信贷需求具有负向影响。

5.4.3.2 政策建议

（1）鼓励农村金融机构进行农村普惠金融产品创新。我们知道，要破解"三农"问题，必须破解农民增收问题，而破解"农民增收"问题，就必须破解农民"贷款难"问题，破解"贷款难"问题，就需要对农村金融信贷产品在现有基础上进行创新。如创新农户抵押物获取资金、以联保促进信用增级、根据信用等级放贷款、信贷与保险业务结合抗风险，贷款程序简化保时效等；鼓励农户的打包共同贷款，由于农户群体在地域上相对集中，银行信贷交易的空间范围较为固定，交易对象也相对稳定，打包共同贷款有利于降低金融机构的交易成本，增加收益。同时，农村普惠金融机构银行应借鉴学习电商平台，重视掌握客户交易记录、客户互动评价、行为习惯等，加强对各种形式的文档、文本、图像、音频、视频等非结构化数据的采集和处理。应加强与互联网企业的合作，利用互联网技术，持续推进普惠金融信贷技术的创新。

（2）进一步完善发展普惠金融的各项政策制度。一方面要对新型普惠金融组织制度进行规范。当前国家在部分地区进行金融改革试验，一些新型的从事金融业务的组织会相继出现，要规范相关的组织制度，符合现有的监管政策，不能让部分业务和机构游离于监管框架之外。另一方面要修订完善现有的金融监管制度。随着金融创新的不断加大，一些新生金融业务和新兴金融组织已经超出了监管制度的范围，对现有监管部门的职能和业务监管范围进行及时修订和完善，以满足当前金融发展的需要。同时，针对中西部落后地区金融服务不足的情况，在金融机构准入条件、银行信贷规模限制、金融机构存款准备金率、再贷款利率、信贷产品贴息水平、资本市场上市融资条件等方面应当考虑建立更加带有倾斜性安排的"特惠机制"，进一步加大差异化政策扶持。

（3）积极推广农村普惠金融发展水平较高省份地区的经验。普惠金融发展落后地区应积极向普惠金融发展先进地区学习经验，如借鉴海南省"一小通"农村普惠金融发展模式，即针对农民缺乏抵押物等担保方式的现状，银行等金融机构向农民发放无抵押信用贷款，改变传统审贷分离、贷不贷完全由银行决定等"金融铁律"，由农户自己进行贷款审批和贷款利率的定价，实行农民"贷前培训，贷后五包（即包贷前调查、包贷款审批、包贷款定价、包贷后管理、包贷款收回）"的农户普惠金融信贷模式，一方面给农户带来实实在在的好处，另一方面提高本地区普惠金融发展水平。

（4）完善担保机制。农户由于缺少抵押物和担保人，因此很难在金融机构贷到款。为了改善这一情况，国家应该出台相应的政策，根据农村地区的实际情况，发展跟城市不同的专属于农村的担保机构，拓宽农户贷款的担保方式，并以此来推进融资性担保机构与各金融机构之间的互利合作，切实解决农户贷款担保难问题。

（5）对农村信贷资金进行合理定价。现行国家相关部门对农户贷款提供了一系列的财政支持，如财政贴息等政策。但根据笔者调查发现，现行农村金融机构利率执行水平仍然偏高。虽然在实际操作中，农村金融机构对不同信用级别的农户设置了不同的利率下滑比率，但实际执行中，符合利率优惠的农户较少。农村金融机构应进一步完善农户贷款定价机制，对农户贷款进行合理定价。一方面，农村金融机构应充分根据农户的信用级别、担保能力等因素考虑利率优惠幅度，同时，应赋予客户经理一定的利率定价权限，充分发挥客户经理的主观能动性；另一方面，要加强利率定价监督，从而确保农户贷款利率定价有理，优惠有因，防止人情定价。

5.5 我国农村信贷供求不适应性分析及对策

5.5.1 信贷供求不适应性分析

（1）信贷供给的外生性与信贷的内生性需求的不适应性。我国农村金融机构存在产品单一、服务僵化，缺乏适合农户的特色化、多元化的金融需求的创新较少，业务扩张能力匮乏等问题。我国农村金融的发展之所以会遇到这些问题，归根到底还是因为我国现行对农村金融体系的研究和改革实践仍是从金融机构和金融供给的角度出发，仍是一种政府主导的外生性农村金融发展模式，而不是农村经济主体自主性的内生发展模式。该模式下农村金融机构的业务开展仍是外生主导型金融供给制度框架下的"技术性努力"，反映的是国家利益偏好，而不是农户的需求倾向。从而造成我国农村信贷市场上信贷供给的外生性与农户的内生性信贷需求不相适应。

（2）农村信贷产品结构供需不适应性。根据调查发现，农村富裕农户的资金需求量较大，比如一些专业养殖大户、专业种植大户等，其资金需求量基本都在5万元以上。而根据笔者对农村信用社的调查发现，虽然富裕农户经济状况较好，其向农村信用社申请贷款时基本没有什么障碍，且农信社也不要求其资产抵押。但农信社会要求富裕农户之间互相搭档，发放农户联保贷款。但通过调研发现，金额较大的农户联保贷款只会发生在较少数的富裕农户之间，一般富裕的农户之间比较难得到联保贷款。在 400 户的样本对象中，只有 3 户农户获得了 5 万元以上的农户联保贷款，而这 3 户农户只有一户是养猪大户，另外两户都是农户个体工商户（经营农家乐等）。而农信社适合其他一般富裕农户、中等农户、贫困农户的信贷产品较少甚至没有。

（3）农村信贷额度不适应性。根据笔者对 20 个样本乡村的调查，当地农信社大多实行信贷限额管理。虽然现在限额的上限比之前的上限要高（2002 年信用社批给农户的信贷资金上限为 0.5 万元），但仍然较低（大多数乡村农信社农户贷款限额为 2 万元），较低的信贷限额仅仅适合农户小范围农业生产，不能形成规模效益。而随着我国农业产业化经营、经营规模越来越大，农村大户、富裕农户对贷款金额的需求越来越高，之前的农村小额信贷已经越来越不能满足农户的资金需求。根据调查发现，有 65% 的样本农户申请过 5 万元以上的信贷，10 万元以上的占 25%，在调查中发现，在农信社发放的贷款农户中，大部分农户发放的信贷金额在 2 万元以下。这就导致一些有资金需求的农户在得不到正规信贷资金支持的前提下，寻找其他民间融资渠道融得资金。

（4）农村信贷期限结构不适应性。我国农村金融机构对农村投放的信贷普遍存在信贷期限短的问题。农村金融机构缺乏对农村资金需求的科学分析，其提供的信贷资金在期限上较难满足农户信贷需求时间上的多样化。在人民银行关于农村信用社管理办法中规定，农信社对农户发放的支农贷款，最长期限不超过 2 年，而且严禁借新还旧。人民银行关于农信社贷款期限的规定仅适合农村传统的蔬菜种植、粮食种植以及传统养殖业。但近年来，随着农村经济发展，农业结构调整不断深化，农村信贷资金需求期限呈现多样化趋势，如规模化的果树种植需要 3～5 年，特殊养殖业需要 2～3 年，农产品产业化经营、农户子女教育问题等需要 2～4 年，这些多样化的期限需求与农信社的贷款期限规定是矛盾的，使得农信社在审批贷款时不考虑农户资金需求的具体期限，直接以《规定》为准，一刀切，这就会造成恶性循环。农户为获得信贷资金，通常隐瞒信贷资金真实用途情况，造成资金使用期限与贷款期限不相符，致使大量贷款逾期甚至形成坏账，而大量贷款逾期导致农信社进一步"惜贷"。

（5）农村信贷担保方式不适应性。根据调查发现，现行农村信贷市场上的担保方式多以保证担保为主，其中又以联保这种担保方式占主导地位。以调查样本为例，在调查的 400 户农户中，有 65% 的贷款信用贷款，即通过找第三方担保人进行担保发放的。但笔者同时也发现，虽然现行农村信贷市场中保证贷款发放较多，但大部分金额较低，多数贷款发放金额在 2 万元以下。而再大金额的贷款，农村金融机构趋向于农户要有抵押资产。而根据现行我国农村发展情况，土地是集体所有的，房屋也是在集体土地上建的，没有独立的产权，在银行办不了抵押贷款。虽然现在一些地方的农村金融机构通过金融产品创新开发出了农地抵押贷款、林地抵押贷款等信贷产品。但就笔者所调查的情况来看，在 400 户样本农户中，没有一户是办理了相应贷款的。因此，就形成农村金融机构发放贷款所要求的担保方式与农户资产状况不相适应的现状。

5.5.2　促进我国农村信贷供求相适应的政策建议

5.5.2.1　尝试发展内生性农村金融体系

内生主导型农村金融体系下的农村金融机构立足于农村本地，在降低涉农贷款交易成本、增加农村普惠金融供给总量、把普惠金融服务延伸到外生性农村金融机构触及不到的地带等方面具有比较优势。因此，只有内生的发端于广大农村地区、农户之间的金融体系安排才能真正满足农村金融主体的需求。可尝试构建一个以内生金融为主导的农村普惠金融体系，包括农村普惠金融机构的兴建与撤并、金融业务的设置和运行机制、农村普惠金融的监管等要根据农村金融需求的特性而定。也就是说，农村普惠金融的改革并不受制于政府的行政力量，而是自下而上体现需求主体利益偏好的内生诱导型模式。

在发展内生性农村金融体系的框架内，可考虑一些发展前景较好的，有市场基础的非正规金融组织纳入体系。大量事实表明，我国农村地区存在规模可观的非正规金融机构组织，它们中不少起到补充农村正规金融组织信贷供给不足的作用，甚至成为当地不可缺少的一股支农力量。当然，我们应正确对待农村非正规金融组织，改变现行阻碍其发展的条例，建立新的制度，规范农村非正规信贷活动，提高农村金融机构体系的整体实力和活力。如允许农村非正规金融组织在一定的法律框架内开展信贷服务，接受特殊金融监管，对于发放高利贷的非正规金融组织要严格取缔；同时，可引导具有一定规模的农村非正规金融组织发展成为民营金融机构，建立起完善的组织结构和管理制度；三要鼓励有条件的地方通过吸引社会资本和外资，积极兴办直接为三农服务的多种所有制的金融组织。

5.5.2.2 鼓励农村金融机构进行农村普惠金融信贷产品创新

我们知道，要破解"三农"问题，必须破解农民增收问题，而破解"农民增收"问题，就必须破解农民"贷款难"问题，破解"贷款难"问题，就需要对农村金融信贷产品在现有基础上进行创新。如创新农户抵押物获取资金、以联保促进信用增级、根据信用等级放贷款、信贷与保险业务结合抗风险，贷款程序简化保时效等；鼓励农户的打包共同贷款，由于农户群体在地域上相对集中，银行信贷交易的空间范围较为固定，交易对象也相对稳定，打包共同贷款有利于降低金融机构的交易成本，增加收益。同时，农村普惠金融机构银行应借鉴学习电商平台，重视掌握客户交易记录、客户互动评价、行为习惯等，加强对各种形式的文档、文本、图像、音频、视频等非结构化数据的采集和处理。应加强与互联网企业的合作，利用互联网技术，持续推进普惠金融信贷技术的创新。

5.5.2.3 建立农户信贷风险保障机制

无论是在国内还是在国外，农业都属于弱势产业，因其受自然条件和市场因素的影响非常大，农业的经营风险具有高度集中和广泛的特性。根据调查发现，农户之所以贷款难，有很大部分原因就是其经营的不确定性，而我国缺乏与农业发展相配套的农业担保体系、农村信贷保险和农业保险制度，农户贷款的安全性问题非常突出。为健全我国农村信贷风险保障机制，应从以下两方面着手：一是建立专业农业担保机构。当前，一部分农户特别是农业大户存在贷款抵押担保难落实的问题，彻底解决这一问题需要建立专业农业担保机构，由政府对农业专业担保机构提供特殊补贴，从而弥补农户信用不足，合理分担金融机构贷款风险。二是建立以政策性保险为主的农业保险体系，对金融机构的贷款损失进行补偿，将灾害风险、技术风险和市场风险造成的信贷资金损失减少到最低程度。同时，对商业保险公司开展农业保险业务给予政策优惠，以调动其积极性。

5.5.2.4 积极推广农村普惠金融发展水平较高省份地区的经验

普惠金融发展落后地区应积极向普惠金融发展先进地区学习经验，如借鉴海南省"一小通"农村普惠金融发展模式，即针对农民缺乏抵押物等担保方式的现状，银行等金融机构向农民发放无抵押信用贷款，改变传统审贷分离、贷不贷完全由银行决定等"金融铁律"，由农户自己进行贷款审批和贷款利率的定价，实行农民"贷前培训，贷后五包（即包贷前调查、包贷款审批、包贷款定价、包贷后管理、包贷款收回）"的农户普惠金融信贷模式，一方面给农户带来实实在在的好处，另一方面提高本地区普惠金融发展水平。

第6章 基于农户视角的农村金融排斥影响因素实证分析

6.1 引言及相关文献回顾

农村金融是农村经济发展的核心。在我国城乡长期二元化差异发展的背景下，农村金融发展相对滞后，农村金融排斥问题依然突出。根据中国人民银行发布的《2016 年上半年金融机构贷款投向统计报告》显示，截止到 2019 年 12 月末，金融机构人民币各项贷款余额 153.11 万亿元，农村（县及县以下）贷款余额 28.84 万亿元，占比 18.8%，农户贷款余额 10.34 万亿元，占比 6.7%，由此可见我国农村地区金融排斥现象依然严重。在农村金融市场中，由于金融机构服务水平和质量不高、网点覆盖率低，农户在金融机构融资的热情不高，金融排斥呈现出需求排斥的特征。不同于金融机构供给排斥的是，需求排斥是基于农户自身主动的排斥，即当农户资金不足时，没有通过金融机构进行融资，从而抑制了农村金融市场的发展。据中国农村金融协会 2010 年的大型调查数据显示，我国农户贷款需求度仅为 30.4%。基于此，本章试图通过科学的理论与实证分析，从农户视角对农村金融发展中出现的需求排斥进行分析，旨在缓解农村金融市场中需求不足的现状。

国外对于金融排斥的研究起步较早，20 世纪 90 年代初，金融地理学家 Leyshon（1995）和 Thrift（1993）首次提出金融排斥（Finance Inclusion）的概念，其理论认为随着发达国家金融监管日趋放松，不是所有的"消费者"都具有金融能力，那些贫困的、远离金融机构的群体会遭受到金融排斥；而金融机构竞争的加剧会使其去寻找更加富裕的"消费者"（Wallace and Quilgars，2005）。长此以往，贫困的群体由于缺乏某种条件而没有能力去获取金融服务，会产生自我排斥的情绪（Leyshon，1995），因此会陷入供给和需求两个方面错配的恶性循环。

农村金融排斥问题已成为各国机构和学者研究的对象。由 Kempson 和 Whyley（1999）提出的六个维度的指标，是目前最受学界推崇的判定金融排斥的度量方法，其中包括地理排斥、条件排斥、评估排斥、价格排斥、营销排斥和自我排斥。Rogaly（1999）指出金融排斥是社会排斥的一个子集，金融排斥可以引起社会其他方面的排斥，而社会排斥会反作用于金融排斥，形成一个恶性循环。Gardener（2004）提出金融排斥会危害现代经济社会的健康发展，造成弱势群体更加贫困，地区间经济发展失衡。Leyshon（2006）指出金融机构网点的设立能够缓解金融排斥的问题，加强机构与客户间的交流，从而提高当地金融服务的可获得性。Sarma（2010）提出金融包容指数，来更加科学和系统地测度金融排斥的程度。

The FATF（2001）研究发现，世界上超过一半的人口缺乏获得信贷、保险、储蓄账户和其他正规金融服务的途径，因此，各国对农村地区金融排斥的解决对策进行了研究。例如：在美国，《社会再投资法案》禁止银行只对富人发放信贷；在法国，法律规定每个人都有权开立银行账户；英国则在 2005 年建立了"金融包容基金"以保障农村地区农户的金融需求（Abdullahi，2012）。在这些政策的激励下，西方发达国家在抑制金融排斥方面已经取得了巨大成效：在英国，受到排斥的农户比例已经从 2002 年的 10% 下降到 2011 年的 2.7%，而美国从 2008 年的 10% 下降到 2013 年的 7.7%（Sabrina Bunyan，2016）。但是在发展中国家，金融排斥问题依然严峻（徐少君，2009）。

国内对于金融排斥的研究起步较晚，但是发展迅速。田霖（2007）认为，我国金融业地区差异显著，西部地区金融排斥程度更加严重，农村金融供给出现滞后性。王修华（2010）构建了六维评价体系，指出要统筹中西部农村金融与东部农村金融协调发展。可见，我国农村金融的不平衡发展十分严重。在实证分析方面，徐少君（2009）根据浙江省的数据利用 Probit 模型与 Logit 模型得出结论，认为农户收入、家庭规模、受教育程度对金融排斥具有显著影响。谢丽华（2012）创新性地从伦理的角度解释了农村金融排斥存在的原因，提出可以从农民自身和制度创新等方面解决问题。董晓林（2012）站在金融供给的角度分析了农村金融排斥的影响因素，分机构考察了商业银行和农信社在网点布局时的侧重点。胡振（2013）利用灰色聚类分类与关联分析法对吉林省的数据进行分析，得出城乡收入差距、工资性收入占比、从事农业占比、金融贡献度、农户纯收入是农村金融排斥的主要影响因素的结论。甘宇（2015）在分析了4625个数据的基础上得出农户受到金融排斥与户主性别、年龄、家庭成员受教育程度、家庭负债、耕地面积有关。谭开通（2015）利用1547户农户的调研数据指出，户主是否为村干部、农户余钱利用偏好、是否安装电话对金融排斥具有显著影响。华怡婷（2016）运用综合评价法指出农户金融排斥与农村就业结构、农村人均纯收入具有显著的相关性。谢婷婷（2016）对新疆地区的调研数据进行深入挖掘，指出农户对信贷政策的了解程度、农业收入占比、耕种面积是金融排斥产生的主要原因。

纵观国内外关于金融排斥的研究结果，我们可以得出如下结论：第一，农村地区金融排斥的研究正在从定性分析向定量分析转变，农户受金融机构排斥的影响因素成为了学者争论的对象；第二，我国农村金融排斥呈现出东部与中西部不协调发展的局面，中西部地区农户有着更为严重的金融排斥。同时，尽管我国农村金融排斥问题研究成果颇丰，但是在研究过程中还存在着以下问题：第一，在实证研究过程中，大多数学者直接利用宏观数据或者单独省份的微观数据进行分析，缺乏对多省份截面数据的整体微观分析；第二，大多数学者在研究农村金融排斥影响因素的过程中，往往站在金融机构的视角，将弱势的农户处于被动地位，缺乏对农户内生的自我排斥情绪这一心理因素的研究，而农户的心理因素往往使其自身对农村金融机构具有主动的排斥情绪。基于此，本章拟通过对中西部农村地区进行实地调研，通过实证分析的方法对我国中西部农村金融排斥问题进行研究，同时对农户与金融机构（以村镇银行为例）之间产生的惜贷现象进行研究。由于在农村地区贷款排斥是金融排斥的最重要的部分，所以本章仅对贷款排斥进行深入探讨。

6.2　我国农村金融排斥的表现及原因分析

本书在经典的度量金融排斥的六个维度的指标上，一方面考虑到条件排斥和评估排斥具有高度的重合性，都是金融机构在对农户提供金融服务时通过拔高"门槛"所形成的金融排斥；另一方面基于传统上认为东部地区农村分布较少，大部分农村集中分布在中部和西部地区，研究从分析东部、中部、西部地区之间在地理排斥、条件排斥、价格排斥、营销排斥、自我排斥这五个角度的差异来综合反映当前我国农村金融排斥的现状并阐述其成因。

6.2.1 地理排斥

地理排斥是指金融服务的需求主体由于客观的地理空间阻碍，造成交通和出行不便以至于无法获得或接触到金融服务或产品而造成的排斥。我国国土幅员辽阔，自西向东呈现三级阶梯形的地势特点，且人口也集中分布在东部和中部地区，西部地区人口分布相对稀疏。而金融机构趋于追逐利益的考虑，自然而然地会把机构布置在人口密集的地方，这样能够方便机构吸纳大量的资金，并能够找到更多元化的投资渠道。

从表6－1中我们可以看出，东部村镇银行和贷款公司的数量在全国占比最高，分别为34.1%和40.1%。而西部地区的农村资金互助社和小额贷款公司的数量优势明显，占比分别为31.3%和35.1%。相比经济发达的东部地区和国家重点扶持的西部地区（除开东北地区），我国中部反而是新型农村金融机构覆盖率最低的地区，具体表现在除了村镇银行，其他新型农村金融机构在中部地区分布占比均处于垫底的位置。近年来，虽然政府一直致力于提高偏远农村地区基础金融服务的覆盖率，但是一直到今天我国仍未完全消除农村金融机构空白乡镇。因此，在我国存在较明显的地理排斥。

表6－1　2018年末新型农村金融机构地区分布　　　　单位：%

机构类别	东部	中部	西部	东北	全国
村镇银行	34.1	29.3	26.4	10.3	100
贷款公司	40.1	13.3	33.3	13.3	100
农村资金互助社	27.1	20.8	31.3	31.3	100
小额贷款公司	29.1	20.5	35.1	35.1	100

数据来源：中国人民银行《2015年中国区域金融运行报告》。

6.2.2　条件排斥

条件排斥是指金融机构考虑到自身安全性和营利性的均衡，在农户提出贷款申请时，对借款人的申请条件作出要求，比如规定抵押担保条件、要求借款人提供资信证明等，甚至对贷后的偿还期限和具体用途也会作出相应的规定，此时形成了对部分弱势群体的金融排斥。一般传统上认为农业属于弱质产业，生产具有明显的季节性且受自然环境因素影响比较大，因此农民的收入并不稳定且波动性较强，再加上农村征信体系尚未完全建成，担保抵押体制缺位，所以一些低收入的农户很容易被排斥在金融服务之外。

从表 6 - 2 中我们可以观察到，虽然在金融机构积极响应政府支持"三农"的号召下，涉农贷款稳定增长，但是也存在一些机构的涉农贷款表现不足。农村信用合作社对农户的贷款不仅没有上升，与 2017 年同期相比还有下降的趋势。而农村信用合作社对农贷款下降得更为明显，农户贷款和涉农贷款同比下降 20% 以上。这种现象的出现可能与我国农村金融体制改革后，合作类农村金融机构日趋商业化，导致这些机构对普通农户贷款意愿不强有关。

表 6 - 2　2018 年 12 月主要农村金融机构涉农贷款月报表

机构类别	农户贷款		涉农贷款	
	余额（亿元）	同比增长（%）	余额（亿元）	同比增长（%）
农村商业银行	12984	52.9	32239	38.3
农村合作银行	2296	−24.4	3944	−22.7
村镇银行	2195	48.6	3974	35.9
农村信用合作社	19409	−0.4	34512	2.2

数据来源：中国人民银行调查统计司。

根据表 6 - 3 可以看出，除了农村商业银行，其他商业银行的不良贷款率平均在 2% 以下，其中不良贷款率最低的为外资银行，平均在 1.3% 以下，这可能与外资银行准入门槛较高、贷款资产审查较严格有关。而农村商业银行不良贷款率平均在 2.5% 以上，远高于其他商业银行，这直接反映了我国大多数农村金融机构贷款质量不高，也从一个侧面解释了农村金融机构贷款积极性不高的原因。综合以上两点，我们可以认为条件排斥是我国农村金融排斥的一个重要组成部分。

表6-3　2017年商业银行各季度不良贷款率　　　单位：%

机构类别	第一季度	第二季度	第三季度	第四季度
大型商业银行	1.72	1.69	1.67	1.68
股份制商业银行	1.61	1.63	1.67	1.74
城市商业银行	1.46	1.49	1.51	1.48
农村商业银行	2.56	2.62	2.74	2.49
外资银行	1.30	1.41	1.41	0.93

数据来源：中国银保监会统计数据。

6.2.3　价格排斥

价格排斥是指金融机构出于自身风险因素的控制，将自身贷款利率上浮，导致贷款成本超出农户承受能力和范围，而将其排斥在外的一种现象。

表6-4中的数据显示，从总体上来看，东部、中部和西部地区大部分银行业金融机构在基础利率的基准上都选择了上浮贷款利率。从各个地区来看，东部地区选择执行下浮利率的贷款占比最大，达到了16.8%；中部地区选择执行上浮利率的贷款占比最高，为73.7%；西部地区执行上浮利率和下浮利率的贷款占比均介于东部和中部地区之间。这种局面的出现，主要是因为在东部地区金融市场竞争激烈，微观主体议价能力较强，所以东部地区贷款利率下浮占比较大。而对于中部地区来说，首先在地理位置上就不占优势，再加上政府扶持的重点主要集中在西部地区，因此金融机构为了自身的利益，执行上浮利率的贷款会较多。

表6-4　2017年人民币贷款发生额占比利率区间分布　　　单位：%

执行利率方向	东部	中部	西部
下浮	16.8	8.9	10.6
基准	16.1	17.4	21.2
上浮	68.1	78.7	68.2
合计	100	100	100

数据来源：中国人民银行《2017年中国区域金融运行报告》。

6.2.4　营销排斥

营销排斥是指金融机构为了自身规模的扩大和发展，需要一定数量的从业人员对其提供的产品和服务进行营销，在营销过程中将部分弱势群体排除在目标群体外，此时形成了营销排斥。从业人员的数量和金融产品的丰富性是影响金融机构营销的主要因素。

从图6-1中我们可以清楚地看出，东部地区银行从业人数在全国银行从业人员中占比接近一半，达到了44.2%。西部地区和中部地区从业人员数量基本持平，维持在22%左右，西部地区从业人数略高于中部地区。东北地区从业人员占比最低，为10.8%，因此地区间从业人员数量差别较大，东部地区的银行业从业人员明显要多于全国其他地区。

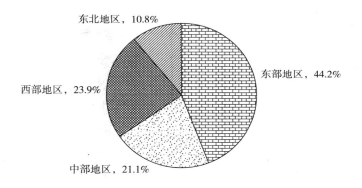

图6-1　2015年末各地区银行从业人数占比

数据来源：中国人民银行《2017年中国区域金融运行报告》。

表6-5显示，证券业和保险业的大部分金融机构都将总部设在了东部地区，平均占比70%以上，总部设在东部的基金公司数量甚至达到了98%。而对于中部、西部和东北地区来说，证券和保险类金融机构总部分布较少，三个地区总部分布占比相加的总和与东部地区相比也仍有一定的差距。因此，对于在偏远地区的农户来说，一般很难接触到除银行外的其他金融机构的服务。

表 6 - 5　2018 年末各地区其他类金融机构分布　　　　单位：%

项目	东部	中部	西部	东北	合计
总部设在辖内的证券公司	69.6	9.6	16.0	4.8	100
总部设在辖内的基金公司	98.0	0.0	2.0	0.0	100
总部设在辖内的期货公司	73.3	10.0	10.7	6.0	100
总部设在辖内的保险公司	86.8	4.4	4.9	3.9	100

数据来源：中国人民银行《2018 年中国区域金融运行报告》。

6.2.5　自我排斥

自我排斥通常与被排斥群体的受教育水平、人口的年龄结构和曾经接受金融服务的经历有关，是被排斥人群主动把自己排斥在主流金融机构服务之外的一种现象。随着中国城镇化进程的加快，农村地区大部分青壮年男性都选择进城务工谋求更高的收入和更好的发展前景。而在农村中留下的群体被戏称为"386199"部队，即留守的妇女、儿童、老人。他们中大部分都没有接受过良好的教育，因此金融基础知识薄弱，对于金融产品的接受程度较差。再加上偏远地区交通闭塞，与金融机构之间信息不对称的现象较为严重，当他们去当地银行机构贷款时自然希望手续快捷、简便，而目前大部分农村金融机构办理贷款业务的手续较为繁杂，此时就会产生矛盾。现实情况是，多数人在向正规金融机构贷款遇到阻碍后，往往不再相信这些机构，会转身求助于一些非正规的民间借贷组织，这也是近年来民间借贷飞速发展的原因之一。

6.3　模型选择与回归分析

6.3.1　模型选择

本书主要考察基于农户视角的农村金融排斥发生的影响因素，因此，将"农村金融排斥是否发生"作为被解释变量，当金融排斥发生时（即农户未向农村金融机构申请贷款），定义为 1；当金融排斥未发生时（即农户通过农村金融机构申请贷款），定义为0。通过以上定义可以看出，被解释变量为离散的二分随机变量，一般利用 Logistic 模型这一二元选择模型进行分析，Logistic 回归模型的线性表达式为：

$$\ln\left(\frac{D_i}{1-D_i}\right) = \alpha + \beta_1 X_{i1} + \beta_2 X_{i2} + \beta_3 X_{i3} + \cdots + \beta_j X_{ij} + \cdots + \beta_n X_{in} \qquad (6-1)$$

在式 6-1 中，D_i 为金融排斥发生时的概率，α 为常数项，X_{ij}（$j=1$，2，3，$\cdots$，n）表示第 j 个自变量，n 为自变量的个数，i 为观测组数值，β_j（$j=1$，2，3，$\cdots$，n）为未知参数，一般用最大似然法估计此参数。

6.3.2　变量选取

本书所调研的数据来自我国中西部四个省份的农村数据，即：东北地区的吉林省吉林市龙潭区、中南地区的湖南省长沙市芙蓉区、西南地区的贵州省黔南长顺县、西北地区的陕西省咸阳市兴平市。样本分布在我国中西部各个地区，具有代表性。本次调研共发放问卷 420 份，最终得到有效样本 387 份，问卷有效率 92.14%，需要指出的是，本次调研以家庭为单位，在 387 户有效家庭样本中，存在融资需求的有 244 户，占样本总数的 63%，而只有在农户存在融资需求的前提下，基于农户视角的农村金融排斥的具体影响因素研究才有意义，因此，本书仅对存在融资需求的 244 户农户进行实证分析。

根据调研数据以及已有的研究成果，本书的解释变量共分为四大类，分别是：户主禀赋、家庭禀赋、社会禀赋与金融发展水平、心理禀赋与认知。户主禀赋包括户主的年龄与文化水平；家庭禀赋由家庭供养比、家庭土地面积、家庭从事产业、家庭资产与家庭负债构成；社会禀赋与金融发展水平包括农户是否有亲属担任村干部或在金融机构工作、家庭与金融机构的距离、是否考虑从亲友处借款等；心理禀赋与认知由农户对金融机构的印象、农户对金融机构服务的满意程度、农户对利率的接受程度等构成，具体赋值如表 6-6 所示。

6.3.2.1　户主禀赋

在户主禀赋中，一般认为，户主年龄与金融排斥之间具有正向影响，户主年龄越小，金融排斥心理越弱。其一，年轻人受到超前消费观念的影响较深，对村镇银行的了解更为深刻；其二，年轻人倾向于外出务工或从事个体工商业，这就需要筹集资金来扩大生产规模。相比之下，中高年龄的户主本身财富得到一定的积累且大多从事传统农业，并且年龄越大越容易受"无债一身轻"的传统思想的影响。户主学历对金融排斥是否有显著性影响不能确定，这是因为学历越高，获得的金融知识越丰富，具有良好的信贷观念，可能有着较弱的金融排斥心理；而从另一方面来讲，学历越高，融资的渠道可能越多元化，并不拘泥于从农村的金融机构获得贷款。

6.3.2.2 家庭禀赋

在家庭禀赋中，一般来说，家庭供养比越大，家庭主动的金融排斥越小。农村地区的被供养人口主要为儿童、学生、老人、残疾人等群体，这些人口由于没有劳动能力且需要较大的教育或者医疗开支，仅依靠低保无法维持正常的生活，因此家庭供养比可能对金融排斥产生负向影响；家庭土地面积越多，所积累的财富越多，尽管近年来存在外出务工的农户不再依靠土地获得收入，但是农户将土地进行流传租赁获得租金，本质上也是依靠土地获得的收入，因此家庭土地面积可能产生主动的金融排斥；家庭生产类型对农户金融排斥的影响不明确，这是因为从事传统农业的农户购买农机、租借土地需要大量的资金，而从事非传统农业的农户同样需要资金来租借房屋设备，改进生产技术；一般认为，家庭资产越多，越会出现主动的金融排斥；家庭负债越多，金融排斥心理越弱。家庭资产充足，说明其从事的生产比较稳定，风险较低，资金自给率高，不需要再向村镇银行进行贷款。在负债方面，由于农村地区的封闭性，农户关系网复杂，在出现资金需求时，一般会首选通过亲朋好友进行融资，但是农村家庭普遍资金较少，农户在出现负债过多的情况下，其碍于情面不愿再向亲友借款或亲友也已经没有充足的资金，这时，农户很有可能通过正规农村金融机构进行融资。

6.3.2.3 农户社会禀赋与区域金融发展水平

在农户社会禀赋与区域金融发展水平中，若农户有亲友担任村干部或在农村金融机构工作，则会对正规信贷有着更加深刻的意识，因此，可能对金融机构的有着较弱的排斥心理；农户家庭与金融机构的距离、农户是否考虑从好友处借款可能对正规的金融机构的排斥情绪有着正向的影响，农户的家庭距离金融机构越远，农户首先考虑从亲友处借款，越有可能出现强烈的金融排斥情绪。

6.3.2.4 农户心理禀赋与认知

在农户心理禀赋与认知中，农户对金融机构的印象越好，农户对金融机构的服务越满意，信贷利率越低，越不容易使农户产生主动的金融排斥情绪。

表 6 - 6　农户出现金融排斥的影响因素及说明

	解释变量	变量说明	预期方向	最大值	最小值	平均值	标准差
户主禀赋	X_1 户主年龄	35 岁及以下 = 0，35 ~ 45 岁 = 1，46 ~ 55 岁 = 2，55 岁以上 = 3	+	3	0	1.6279	0.8391
	X_2 文化水平	小学 = 0，初中 = 1，高中 = 2，大专及以上 = 3	?	3	0	1.3333	0.8228
家庭禀赋	X_3 家庭供养比	被供养人数/家庭总人数	-	0.8	0	0.4889	0.1679
	X_4 家庭土地面积	5 亩及以下 = 0，5 ~ 10 亩 = 1，10 亩以上 = 2	+	2	0	0.5891	0.7563
	X_5 家庭从事产业	全职务农 = 0，边务农边务工 = 1，全职务工 = 2，从政经商 = 3	?	3	0	1.0930	1.1280
	X_6 家庭资产	5000 元及以下 = 0，5001 ~ 2 万元 = 1，2 万 ~ 5 万元 = 2，5 万 ~ 15 万元 = 3，15 万元以上 = 4	+	4	0	1.1240	0.9763
	X_7 家庭负债	0 元 = 0，1 万元以下 = 1，1 万 ~ 2 万元 = 2，2 万 ~ 5 万元 = 3，5 万元以上 = 3	?	4	0	1.1627	1.4075
农户社会禀赋与区域金融发展水平	X_8 农户是否有亲属担任村干部或金融机构工作	否 = 0，是 = 1	-	1	0	0.2015	0.4027
	X_9 家庭与金融机构的距离	5 千米及以下 = 0，5 ~ 10 千米 = 1，10 ~ 20 千米 = 3，20 千米以上 = 4	+	3	0	0.5038	0.8208
	X_{10} 是否考虑从亲友处借款	未考虑从亲友处借款 = 0，从亲友处借一部分 = 1，全部从亲友处借款 = 2	+	2	0	1.2403	0.8364
农户心理禀赋与认知	X_{11} 农户对金融机构的印象	差 = 0，一般 = 1，好 = 2	-	2	0	1.1240	0.8385
	X_{12} 农户对金融机构服务的满意程度	不满意 = 0，较不满意 = 1，满意 = 2	-	2	0	0.9457	0.6532
	X_{13} 农户对利率的接受程度	不能接受 = 0，较难接受 = 1，可以接受 = 2	-	2	0	0.8759	0.6960

6.3.3 实证结果分析

基于 Logistic 回归模型与中西部 244 户农户的调研数据，借助 Eviews 8.0 计量软件将上述 13 个解释变量进行回归估计，回归结果见表 6 - 7。从模型的总体回归结果来看，模型的 LR 值等于 121.71，在 1% 的水平上显著，说明模型的回归结果优良。

表 6 - 7 Logistic 模型估计结果

解释变量	参数估计值	标准差	Z 统计值	P 值
X_1	0.17375	0.50073	0.346994	0.7286
X_2	- 1.057307	0.708543	- 1.492227	0.1356
X_3	- 22.55135 ***	6.693707	- 3.369037	0.0008
X_4	1.566118 **	0.697556	- 2.245151	0.0248
X_5	0.004082	0.409389	0.00997	0.9920
X_6	0.548873	0.607661	0.903255	0.3664
X_7	- 0.780709 **	0.325648	- 2.397402	0.0165
X_8	- 2.34583 **	1.134711	- 2.067337	0.0387
X_9	- 0.341706	0.531931	- 0.642387	0.5206
X_{10}	1.87007 ***	0.682318	2.740761	0.0061
X_{11}	- 0.059763	0.6586	- 0.090743	0.9277
X_{12}	- 0.327692	0.90752	- 0.361085	0.7180
X_{13}	- 0.222503	0.832389	- 0.267306	0.7892

注：** 表示在 5% 的水平上显著，*** 表示在 1% 的水平上显著。

通过表 6 - 7 的回归结果可以看出，农户家庭供养比、农户是否考虑从亲友处借款通过了 1% 统计水平的显著性检验；家庭土地面积、家庭负债、农户是否有亲属担任村干部或金融机构工作通过了 5% 统计水平的显著性检验；其他因素均未通过显著性检验。

从户主禀赋来看，户主年龄未通过显著性检验，与预期的结果不一致，这有可能是农村地区传统文化造成的，在农村地区，婚丧嫁娶往往大操大办，需要大量的资金支持，在调查走访中，有很多年龄较大的户主因家庭的婚丧嫁娶而向农村金融机构贷款，因此，户主年龄的回归结果不显著。

从家庭禀赋来看，家庭土地面积与农户的金融排斥有着正向影响，与预期相符；家庭负债的参数估计值 β = -0.78，说明了家庭负债越多，其自身对金融机构的排斥性越弱，与上述的分析一致。

从农户社会禀赋与区域金融发展水平来看，农户是否有亲属担任村干部或金融机构工作对农户的金融排斥有着显著性的影响，说明了农户对农村金融机构越了解，出现金融排斥的心理越弱；农户是否考虑从亲友处借款通过了 1% 的显著性检验，说明了我国农村地区"血缘经济"十分发达，亲友间信任程度普遍较高。

从农户的心理禀赋与认知来看，农户对金融机构的印象、农户对金融机构服务的满意程度以及农户对利率的接受程度均没有通过显著性检验，可能的原因如下：其一，大部分农户在有融资需求时，根本没有通过正规金融机构进行借贷的想法，由于农户对金融机构的不了解，导致数据"失真"；其二，没有通过金融机构融资的农户的认知来自于贷款以前自身的主观评价，而通过金融机构融资的农户的认知来源于贷款以后对金融机构的评价，这就造成了农户评价时的"时间"顺序不一致，也从侧面反映了通过正规农村金融机构融资的农户并没有认可其服务质量。

6.4　村镇银行与农户之间
"双向惜贷"的影响因素分析

我国农村金融市场上村镇银行的设立，主要为"三农"提供信贷服务，增加农村金融市场有效供给，抑制农村地区金融排斥现象的加剧发展。令人欣喜的是，截止到 2017 年 12 月末，我国涉农贷款余额已达 28.6 万亿元，相较 2010 年涉农贷款余额增加 16.84 万亿元，农村金融的发展取得了长足的进步。但是，目前农村金融的发展也存在着亟待解决的问题，具体表现在金融供求之间的不平衡：一方面，我国村镇银行的发展尚处于起步阶段，内外部机制还不完善，农户贷款需求"小、频、急"的特点加剧了村镇银行信息不对称的风险，加之农村地区法律环境较差，农户自身素质较低等原因，村镇银行产生了严重的惜贷情绪，甚至部分农村资金通过村镇银行流向城市，削弱了农户资金服务农户的职能。以唐山市 H 镇村镇银行为例，2017 年，共有 171 户农户向 H 镇村镇银行申请贷款，在这些农户中，获得贷款的仅有 68 户次，能够通过村镇银行获得贷款的农户不足四成。另一方面，农户在农村信贷市场处于弱势地位，其自身同样存在着惜贷情绪，主要表现在农户向村镇银行申请贷款的发生率相对不足，其中一部分合理需求也会被村镇银行作出的逆向选择所淘汰。

农户"贷款难"与村镇银行的"放贷难"之间的矛盾始终制约着农村金融市场的发展。鉴于此，本书选择了 H 镇村镇银行及 H 镇所辖行政村的 145 户农户进行问卷调查，并运用二元离散 Probit 模型对影响农户惜贷的主要因素进行检验。

6.4.1 农户惜贷情绪产生的影响因素分析

农户的惜贷情绪主要指由于农户自身条件与外部条件的限制，在资金需求不能满足时，没有或不愿向村镇银行申请贷款。从理论上讲，其惜贷情绪主要由家庭内部特征和家庭外部特征组成。其中，家庭内部特征由家庭组成特征、家庭生产特征、家庭收入获得的难易程度、家庭资产负债特征及农户心理认知与对银行的评价等构成。而家庭外部特征主要由家庭社会关系构成。

（1）家庭组成特征。家庭组成特征由户主年龄、户主学历和家庭供养比三个影响因素构成。一般认为，户主年龄越低，贷款意愿越强烈。其一，年轻人受到超前消费观念的影响较深，对村镇银行的了解更为深刻；其二，年轻人倾向于外出务工或从事个体工商业，这就需要筹集资金来扩大生产规模。相比之下，中高年龄的户主本身财富得到一定的积累且大多从事传统农业，因此，户主年龄可能对信贷意愿产生负向影响。户主学历对信贷意愿的影响方向不确定。这是因为，学历越高，获得的金融知识越丰富，具有良好的信贷观念，可能对村镇银行的信贷意愿产生正向影响；而从另一方面来讲，学历越高，融资的渠道可能越多元化，并不拘泥于从村镇银行获得贷款。家庭供养比是家庭被供养人口占家庭总人口的比重，一般来说，家庭供养比越大，贷款意愿越强烈。农村地区的被供养人口主要为儿童、学生、老人、残疾人等群体，这些人口由于没有劳动能力且需要较大的开支，仅依靠低保无法维持正常的生活，因此家庭供养比可能对贷款意愿产生正向影响。

（2）家庭生产特征。家庭生产特征由家庭土地面积和家庭生产类型组成。一般认为，家庭土地面积越多，所积累的财富越多，尽管近年来存在外出务工的农户不再依靠土地获得收入，但是农户将土地进行流传租赁获得租金，本质上也是依靠土地获得的收入，因此家庭土地面积可能对贷款意愿产生负向影响。家庭生产类型对贷款意愿的影响方向不明确，这是因为从事传统农业的农户购买农机、租借土地需要大量的资金，而从事非传统农业的农户同样需要资金来租借房屋设备，改进生产技术。

（3）家庭资产负债特征。一般认为，家庭资产越多，对贷款意愿具有负向影响；家庭负债越多，对贷款意愿具有正向影响。家庭资产充足，说明其从事的生产比较稳定，风险较低，资金自给率高，不需要再向村镇银行进行贷款；在负债方面，由于农村地区的封闭性，农户关系网复杂，在出现资金需求时，一般会首选通过亲朋好友进行融资，但是农村家庭普遍资金较少，农户在出现负债过多的情况下，其碍于情面不愿再向亲友借款或亲友也已经没有充足的资金，这时，农户很有可能通过村镇银行进行融资。

（4）农户的心理认知与对村镇银行的评价。农户的心理认知与对村镇银行的评价由以下几部分组成：农户对利率水平的接受能力、农户与村镇银行的距离、农户对银行服务的满意程度、农户对贷款过程的认知、农户贷款归还问题的认知、农户对村镇银行的印象六个方面。农户的心理认知对其贷款意愿具有重要的影响，除农户与村镇银行的距离对农户贷款意愿的影响不确定外，其他因素均有可能对农户的贷款意愿产生正向影响，即农户对村镇银行的评价越高，越愿意去村镇银行申请贷款。

（5）家庭社会关系。家庭社会关系主要由家族成员是否担任村干部或在村镇银行任职组成。这些家族成员的工作性质很有可能对农户的贷款意愿产生正向影响。

6.4.2　模型构建与变量选取

本书运用 Probit 模型进行实证分析，该模型基于对二元离散型因变量做出判断，可以有效地检验二元响应的被解释变量与解释变量的相关性。根据模型要求，Y 的取值是 0 或 1 的解释变量，因此，设"1" = "农户存在向村镇银行申请贷款的意愿"，"0" = "农户不存在向村镇银行申请贷款的意愿"，设 X_1，

X_2，…，X_K 是 Y 的解释变量，本书选取 16 个解释变量对农户的贷款意愿进行实证分析，对变量的具体定义及说明见表 6 − 8。

表 6 − 8　影响农户信贷意愿的解释变量的说明

解释变量类型	解释变量名称	预测方向	变量定义
家庭组成特征	X_1 户主年龄	−	35 岁及以下 = 0，35 ~ 45 岁 = 1 46 ~ 55 岁 = 2，55 岁以上 = 3
	X_2 户主学历	？	小学 = 0，初中 = 1 高中 = 2，大专及以上 = 3
	X_3 家庭供养比	+	被供养人数/家庭总人数
家庭生产特征	X_4 家庭土地面积	−	5 亩及以下 = 0，5 ~ 10 亩 = 1 10 亩以上 = 2
	X_5 家庭生产类型	？	传统农业 = 0，非传统农业 = 1
家庭资产 负债特征	X_6 家庭收入获得难易	+	5 元及以下 = 0，5 ~ 10 元 = 1 10 ~ 15 元 = 2，15 元以上 = 3
	X_7 家庭现有资产	−	5000 元及以下 = 0，5001 元 ~ 2 万元 = 1，2 万 ~ 5 万元 = 2，5 万 ~ 15 万元 = 3，15 万元及以上 = 4
	X_8 家庭现有负债	+	0 元 = 0，1 万元以下 = 1，1 万 ~ 2 万元 = 2，2 万 ~ 5 万元 = 3，5 万元以上 = 3
心理认知与 对村镇银行 的评价	X_9 对利率水平的接受能力	+	不能接受 = 0，较难接受 = 1，可以接受 = 2
	X_{10} 村镇银行的距离	？	5 千米及以下 = 0，5 ~ 10 千米 = 1，10 ~ 20 千米 = 3，20 千米以上 = 4
	X_{11} 对银行服务的满意程度	+	不满意 = 0，较不满意 = 1，满意 = 2
	X_{12} 对贷款过程的认知	+	过程复杂 = 0，一般 = 1，手续简单 = 2
	X_{13} 贷款归还问题的认知	+	考虑还不起 = 0，未考虑还不起 = 1
	X_{14} 对村镇银行的印象	+	差 = 0，一般 = 1，好 = 2
家庭社会关系	X_{15} 是否有亲友在银行工作	+	否 = 0，是 = 1
	X_{16} 是否有亲属担任村干部	+	否 = 0，是 = 1

注：本模型中农户家庭收入获得的难易程度用 X_6 来表示，那么 $X_6 = [（每月工作时长/月工资）+ \xi] \times$ 100%，其中 ξ 表示无法度量的收入获得难易程度，例如农户工作的风吹日晒等。X_6 值越大，收入获得越难；X_6 值越小，收入获得越易。

6.4.3　回归结果与分析

为研究以上解释变量对农户贷款意愿的影响程度，利用 Eviews 8.0 对 H 镇 145 户农户的横截面数据进行 Probit 模型分析，估计结果如表 6 - 9 所示。

表 6 - 9　影响农户信贷意愿的 Probit 分析估计结果

解释变量	系数值	标准差	Z 统计值	P 值
X_1	- 1.09291 ***	0.289723	- 3.772262	0.0002
X_2	- 0.563258 **	0.23482	- 2.398685	0.0165
X_3	3.190858 **	1.313904	2.428532	0.0152
X_4	- 0.280801	0.378174	- 0.742519	0.4578
X_5	0.17803	0.274572	0.648389	0.5167
X_6	1.124531 ***	0.292036	3.850663	0.0001
X_7	- 0.51432 ***	0.165198	- 3.113396	0.0018
X_8	- 0.359239 *	0.199855	- 1.797495	0.0723
X_9	0.38078	0.259588	1.466867	0.1424
X_{10}	0.466254 **	0.21553	2.163285	0.0305
X_{11}	1.090843 **	0.430134	- 2.536053	0.0112
X_{12}	- 0.062238	0.540704	- 0.115105	0.9084
X_{13}	- 0.171738	0.398202	- 0.431284	0.6663
X_{14}	- 0.187336	0.231925	- 0.807741	0.4192
X_{15}	0.060929	0.072806	0.836868	0.4027
X_{16}	0.62798	0.400303	1.568764	0.1167

注：* 表示在10%的水平上显著，** 表示在5%的水平上显著，*** 表示在1%的水平上显著。

通过表 6 - 9 的回归结果可以看出，户主年龄 X_1、户主学历 X_2、家庭供养比 X_3、收入获得难易 X_6、家庭现有资产 X_7、家庭现有负债 X_8、与村镇银行的距离 X_{10}、对银行服务的满意程度 X_{11} 通过了 Probit 模型的显著性检验，而其他因素均未通过。

第一，从家庭组成特征来看，户主年龄越大，越不愿进行贷款，这与预期的方向相吻合。一方面，户主年龄越大说明财富积累越充足，不需要依靠贷款；另一方面，年龄越大，越容易受"无债一身轻"的传统思想的影响。从回归的结果来看，户主学历越高越不愿进行贷款。一般认为，户主学历越高，对村镇银行的认知越深刻，越愿意去进行贷款。但是从调查中发现，在农村地区，学历水平较高的群体往往从事教师、乡镇公务员等职业，收入比较稳定，其他融资渠道较多，对村镇银行的依赖性呈负向影响。家庭供养比的系数值 $\beta = 3.19 > 0$，说明家庭供养比对农户的贷款意愿呈正向影响，与现实的情况相一致。

第二，家庭的生产特征对农户的贷款意愿无显著性影响。这说明在城镇化进程加速发展下，农村地区单一的传统农业发展局面有所改善，呈现出一二三产业多样化发展趋势，农业开始转型升级。

第三，家庭收入获得难易程度在1%的水平上显著，这在一定程度上表明了农户对村镇银行利率的接受程度，一般农户获得收入越难，越不愿支付给村镇银行高额的贷款利息，因为这给农户造成了一定的心理落差。但农户对村镇银行的利率接受水平并未通过显著性检验，这可能是由于农户缺乏基础的金融知识造成的。

第四，在家庭资产负债特征中，家庭现有资产对农户的贷款意愿具有负向影响，这与预期相一致；然而家庭现有负债同样对村镇银行贷款意愿具有负向影响，这与预期不一致，原因可能是：其一，农户负债越多，说明农户融资渠道越广泛，因此对村镇银行的依赖性就越弱；其二，农户较多的负债可能用来扩大再生产，这就使得农户有足够的还款保证，加上农村地区具有血缘经济发展的特殊性，农户依靠亲朋好友就可以进行充分融资，因比对村镇银行的贷款意愿较弱。

第五，从农户的心理认知与对村镇银行的评价来看，只有农户与村镇银行的距离、农户对村镇银行服务的满意程度通过了显著性检验。这说明了距离村镇银行越近，农户越容易获取金融知识；村镇银行的服务态度越好，越容易使农户有兴趣从村镇银行进行贷款。

第六，从家庭社会关系来看，是否有亲属担任村干部或就职于村镇银行均未通过显著性检验，这说明了家庭社会关系并不能提高农户从村镇银行进行贷款的积极性。

6.4.4　村镇银行惜贷情绪产生的影响因素分析

村镇银行是农村金融体系的最重要的组成部分，村镇银行的发展在一定程度上来说就是农村金融的发展。村镇银行本是服务广大农户的金融机构，但是村镇银行作为商业性质的金融机构，在追求利益最大化的过程中，对农户出现了极强的惜贷情绪，不愿将资金贷给一般农户，这与村镇银行设立的初衷相悖，不利于农村小额信贷市场的长期稳定发展。根据对 H 镇村镇银行的调查，村镇银行的惜贷情绪主要受政策约束、信贷风险和贷款机会成本三个方面因素影响。

6.4.4.1　政策约束

农村金融机构在开展农村金融服务的过程中会受到政策约束，如根据 2012 年银保监会颁布的《农户贷款管理办法》的内容，农村金融机构在发放贷款过程中，要求农户提供担保人和抵押物，这将导致村镇银行等农村金融机构的被动惜贷情绪。管理办法要求贷款农户向村镇银行提供两位担保人，其中一位为公务员或事业单位正式职工且具有良好的信用与还款能力，这种担保要求使得农户望而却步。同时，为规避农户的道德风险，管理办法同样对抵押物有着严苛的要求，土地是农户赖以生存的基础，而土地作为集体用地不具备抵押权，只能抵押部分使用权。而农户其他资产同样匮乏，抵押物难以满足相关政策的要求，在贷款过程中十分被动。村镇银行也无法为没有抵押担保的农户提供贷款。

6.4.4.2　目标偏移约束

由于经营网点较少，人员紧张，村镇银行及小额贷款公司在金融市场上竞争并不具有优势。随着新型农村金融机构的扩容，其"贷大不贷小、贷富不贷贫"的跑偏现象开始出现，甚至一些统计数据直接挑战政策监管底线（即"两个不低于"，涉农贷款增速不低于各项贷款平均增速，涉农贷款增量不低于上年同期）。公开资料显示，2018 年，全国有 70 多家村镇银行的"支农支小"贷款余额不足其贷款余额的 50%，而这一比重远低于全国新型农村金融机构涉农贷款 81% 的比例。另外，调查发现，小额贷款公司在具体业务开展中也存在偏离"支农支小"目标的现象及存在服务对象偏离。如 2018 年《广东省小额贷款公司监管情况报告》显示，从小额贷款公司投放贷款的借款主体来看，虽然小额贷款公司的贷款投放绝大部分用于支持自然人、小型企业和个体工商户发展，累计投放占贷款总额的 98.9%。但其中涉农贷款占比非常小，累计投放农业贷款 111.6 亿元，占比仅为 12.1%。而且，在涉农贷款发放中，大多倾向于富裕的农户、养殖大户或规模效益较好的中小企业。小额贷款公司的贷款投放偏离"贷农贷小"目标，其笔均贷款有增大趋势。这些都与管理部门当初设立小额贷款公司的初衷不相符。

6.4.4.3　信贷风险约束

村镇银行作为服务农村群众的基础性金融机构，同其他金融机构相比，面临着较大的内部风险和外部风险。

（1）内部风险。在村镇银行内部，其缺乏健全的风险控制体系，同时内部工作人员学历水平与工作能力相对较低。人员配备和制度体系的不健全使村镇银行在辨别农户信用风险时需要较大的成本，因此，在贷款业务办理过程中往往采取保守的贷款策略，利率水平也会略高于国家规定利率。以 H 镇村镇银行为例，其 2015 年共计发放贷款 3000 万元，累计发放 68 户次，户均获得贷款 44 万余元，可见村镇银行一般将贷款发放给富农，一般农户很难获得小额贷款进行融资。

（2）外部风险。村镇银行所面临的外部风险具体表现为农户的违约风险。传统农业是弱质产业，从事传统农业的农户容易受到自然灾害的威胁导致农产品产量下降，没有足够的资金偿还贷款。同时，农产品价格的波动也为农户带来了隐性损失，这些因素都增加了从事传统农业的农户违约的风险，容易形成资金沉淀。在城镇化进程加速发展过程中，H 镇部分农户选择逃离传统农业，选择外出务工或者从事个体工商业，这些职业流动性高，意外死亡率高，无形中增加了村镇银行的信用风险与成本，若村镇银行不进行合理的风险控制，就会出现大量的坏账，为自身带来较大的损失。

（3）贷款机会成本。村镇银行作为金融机构，同样追求一定的利益，虽然其定位是服务农村，但是依然存在农户资金通过村镇银行流入城市的现象，投资到城市不仅实现了风险的最小化，而且实现了效益的最大化，而村镇银行将贷款投放农村则会面临较大风险（见上述分析），从而产生较大的贷款机会成本，因此，村镇银行更倾向于将这些资金成本投资到城市。长此以往，农村的资金结构也会出现失衡。

6.5　缓解我国农村金融排斥的对策建议

6.5.1　推进农户内部联动，以点带面普及金融知识

通过上述的回归分析可以看出，农户有亲友担任村干部或在金融机构工作，

实际上削弱了农户对正规金融机构的排斥度，这也说明农户主动的金融排斥来源于对正规金融机构的不了解。因此，要充分发挥农村地区"精英人才"的带动作用，包括金融机构的工作人员、村干部、知识分子等，这部分"精英人才"不仅充分了解农村金融机构的业务办理，而且是农村"熟人社会"的核心力量，通过他们的带动，可以使农户一步步增强对金融机构的了解，以点带面地扩大农村金融机构的影响力，使更多的农户获得金融知识，从而促进普惠金融的发展。

6.5.2 提升农户自身金融素养，缓解自我排斥

金融机构追逐利润最大化是其作为一个企业的根本目标，让金融机构违背"嫌贫爱富"的天性，把资金大量地投向经济欠发达的农村地区显然不现实，因此需要农户从发展当地经济水平出发，提升自身金融素养。首先，地方领导人应该结合区域特色，引导当地农户充分利用现有资源，发展地方特色产业，提高资源的配置效率。如在平原地区的农村居民可以引进大型机械，实现农作物的高效现代化生产；在山区的农户也可以大力发展旅游业、农家乐等特色产业。其次，在农户经济水平日益发展的同时，也要注重金融素质的培养，从根源上解决自我排斥问题。村干部可以组织与当地金融机构合作，允许这些金融机构派遣人员来当地宣传自己的金融产品以及普及金融常识。

6.5.3 创新农村金融服务模式，引领农村产业融合

在上述的结论以及实地调查结果中可以发现，由于农村金融机构与其他金融机构面对客户的差异性，农村金融机构为了规避道德风险，对客户往往有"压贷"和"惜贷"的问题，其金融服务没有得到农户的认可。因此，在推进我国农村一二三产业融合发展的进程中，农村金融机构要加强人才建设，大力培养复合型人才，完善服务质量，创新农村金融产品，完善抵押担保方式，吸引更多的农户通过正规金融渠道获得融资，从而促进农村金融市场的发展，充分发挥农村金融机构在产业融合过程中的带动作用。

由于交易成本高、收益与风险不成正比等原因导致新型农村金融机构在"支农支小"目标定位上摇摆不定。当然，我们也不能强制规定这些新型农村金融机构必须做"赔本买卖"，长此以往将影响新型农村金融机构的可持续发展，政府的"支农支小"政策目标也将流产。那么如何实现"双赢"，既可实现政策目

标，又保证其可持续发展，应创新新型农村金融机构"支农支小"服务模式。如湖南省株洲市株洲县融兴村镇银行在"支农支小"模式上进行大胆创新，与湖南省农业产业化龙头企业唐人神集团股份有限公司以及旗下湖南大农担保有限公司开展业务合作，为唐人神的上游供货农户提供量身定制的产品，推出"惠农养殖贷款"。该贷款模式实行"集团推荐、上游考核、公司担保、封闭运行"的方式：由唐人神集团公司向融兴村镇银行推荐优质的而且具有贷款需求的养殖户；再由村镇银行信贷客户经理同大农担保客户经理共同进行实地调查；客户考察后村镇银行同意放贷，则由大农担保按其与银行约定的比例存入保证金，放款后贷款资金采取封闭运作；农户一次性将贷款资金转入唐人神集团公司在村镇银行开立的一般存款账户，并凭此在唐人神饲料公司提取饲料，做到"专款专用"。该业务模式采用"服务进村居，批量化办理"的方式，以村居为单位，统一办理调查、授信手续，缓解了农户贷款抵押担保难问题，授信覆盖面也在逐步扩大。

6.5.4 增加农村金融供给，拓宽农户融资渠道

自 2010 年国家提出要消灭农村地区金融机构网点空白以来，农村地区村镇银行的数量不断增加，已经从 2010 年的 285 家增加到 2018 年末的 1621 家，但是相对于城镇地区，农村地区正规金融机构数量依然较少，金融机构的辐射带动能力较弱。因此，政府部门应增加金融机构数量供给，进一步开放农村金融市场，支持中国邮政储蓄银行开辟农村金融业务，优化村镇金融机构网点布局。同时，应该对金融机构加强宏观调控，出台规范完善村镇银行内部治理的相关政策，促进农村信贷市场的规范化发展，实现农村金融市场的长期稳定发展。

6.5.5 完善落实抵押担保政策，建立包容性金融体系

由于农村金融机构对于农户抵押担保的条件要求较为苛刻，加之农户信用评级制度不健全，因此农户对自己获得金融机构融资的信心不足。在供给侧改革过程中，政府与金融机构应拓展抵押贷款标准，如探索宅基地使用权、房产权、承包土地收益权等纳入抵押范围；同时，应创新担保方式，完善反担保制度，建立农户信用评级体系，增强金融包容性，分散金融风险，实现农村资金的有效配置。

6.5.6　提高农村金融机构人员整体素质

农村金融机构通过合理的薪酬机制选拔一些金融专业素质较高的从业人员，尤其是熟悉农村生产、生活的农村金融从业人员。同时加大对现有从业人员队伍的专业知识、业务知识培训，将农村金融的"挎包"服务精神落实到实处，提升从业人员的专业水平和服务水平。同时，政府在这过程中应承担起重要角色，政府应加大对农村金融教育的投入，如增加对高校农村金融专业学生的补贴，鼓励大学生毕业后到农村基层参加工作，并给予相关经费补贴。同时，政府还可专门成立农村金融服务专家团，定期免费为农村金融机构提供顾问咨询服务，保障农村金融机构的智囊支持。

第7章 我国农村内生性普惠金融发展分析

7.1 我国农村内生性普惠金融发展状况

农村资金互助合作社是目前我国农村金融市场上唯一的被政府认可的内生性农村普惠金融组织。农村资金互助社是经银行业监督管理机构批准,由乡(镇)、行政村农民和农村小企业资源入股组成,为社会提供存款、贷款和结算等业务的社区互助性农村金融机构。若在乡(镇)政府驻址设立,其注册资本金不得低于30万元;若在行政村设立,则其注册资本不能低于10万元。它可以针对社员办理存款、贷款、结算等业务,还可以按照有关规定开办各种代理业务。在资金来源上,除了股本金、社员存款和贷款收益外,还可以接受社会捐赠、从其他银行金融机构融入资金。资金使用方面,如果满足社员贷款需求后还有富余资金,则可以存入其他银行金融机构,或购买国债和金融债券。按照规定,农村资金互助社不得面向非社员吸收存款、发放贷款及办理其他金融业务,也不得以互助社资产为其他单位和个人提供担保。

农村资金互助社是真正的"农民银行",农村资金互助社是由农民和农村小企业投资设立的,其实就相当于一个为农民聚集闲散资金的公共平台,小钱集腋成裘后,主要服务对象为入股社员。只需农民手头有闲散资金就可以开展起来。因此,它被认为是农民自己的银行。同时,农村资金互助社能够更好地为农民提供金融服务:一方面,拓宽了农民借贷渠道,促使农民开展生产经营。资金互助社在于农民之间,最贴近农民,最能了解农民需求,最能尽快解决农民遇到的资金困难。另一方面,手续简便、贷款时间灵活。资金互助社的借款程序简便,方便快捷,基本做到了小额贷款随到随借。

农村资金互助社的运营模式有着浓厚的民间金融特点,在供给不足的农村金融领域,农村资金互助社对农村经济发展、农民脱贫致富和其他资金需求方面起到了非常大的促进作用,是对农村正规金融的有力补充,有效遏制了民间非法金融的蔓延和发展。农村资金互助社的发展,一方面将民间融资纳入到了国家正规的金融渠道之内,为民间资本进入银行业提供了一个比较现实的通道,提高了民间融资的规范化、组织化和机构化;另一方面也使高利率的农村民间借贷失去了需求空间。

虽然农村资金互助社有这么多发展优势,但农村资金互助社并没有得到太多的支持鼓励,无法像村镇银行、小额贷款公司那样快速发展。银监发〔2006〕90号文件发布一年内,在试点省份仅成立了 8 家农村资金互助社,而银保监会先前安排 2009~2011 年间,全国要设立 161 家农村资金互助社。因各地借由农村资金互助社之名频发非法集资跑路事件,在 2012 年银保监会决定暂缓审批农村资金互助社牌照,之后农村资金互助社的审批就陷入停滞,截止到 2018 年底,全国仅有 49 家农村资金互助社。而这些远远不能满足农户的资金需求。我国农村资金互助社发展缓慢,一方面是由于农村资金互助社的管理不规范导致出现非法集资等问题,自身管理问题导致了监管部门停发新牌照;另一方面则是由于农村资金互助社的资金来源渠道非常狭窄。社员股金、储蓄、向其他银行业金融机构融入资金、税收减免与社会捐赠等构成农村资金互助社的主要来源。但现实情况是:

(1)社会捐赠尚未形成风潮,根据对样本机构的调查表明,很少有农村资金互助社能够得到社会捐赠。

(2)社员股金有限且增长缓慢。因为农民入股的目的是获得贷款,而当互助社不能满足农户贷款需求时,入股农户就会产生怀疑,且农村资金互助社盈利能力较低导致入股农户分红收入较低,从而影响农户入股积极性。

(3)农村资金互助社吸收储蓄比较困难。根据银保监会规定,农村资金互助社仅能吸收社员股东的资金,这一方面受当地经济水平及农户收入水平等因素影响,另一方面农户很少会将大额资金存放在资金互助社内,更多情况下会选择存在农信社、农业银行等信用水平更高的农村金融机构。

（4）融资渠道受限。根据目前政策，农村资金互助社不被允许进入同业拆借市场拆借，也不能获得央行的支农再贷款支持，保险资金也缺乏进入资金互助社的渠道与政策条件，同时不具有到债券市场发行金融债券的资格。

研究对内生化农村普惠金融组织发展受阻的原因归纳为以下几点：首先，我国的农村金融监管制度与农村金融实际脱离，银保监会从严监管的理念灌输到农村金融市场，导致一些本可组建的农村资金社因门槛太高而不能通过审批，致其游离在正规金融门外。据数据[①]显示，全国农村资金互助合作社接近 5000 家（包括正规的和非正规的），其中，依托专业合作社成立的资金互助部占机构总数的 51%，农民自发成立的占 25%，由银保监会批准成立的占比不足 2%（49家）。其次，现行农村资金互助社缺乏合理的融资机制，面临可贷资金短缺问题。根据规定，农村资金互助社只能吸收社员资金，由于入社农民大多是抱着入社即可获得贷款，"以小钱换大钱"的观念入社的，导致农村资金互助社吸收到的社员存款资金有限。虽然根据《农村资金互助社管理暂行规定》，互助社可以向相关金融机构寻求资金支持，但目前并没有商业银行向互助社提供信贷资金支持，从而导致互助社信贷资金紧张，发展受阻。

7.2 我国农村发展内生性普惠金融的优势

7.2.1 能够有效缓解信息不对称

生活在同一个区域的人们由于具有共同的文化传承，其经济生活已深深"嵌入"长期形成的共同社会网络之中（王曙光，2009）。农户通过其社会网络进行各项资源整合，从而获取信息、信用、影响等社会资本；工具、设备、资金等物质资本；教育、技能等人力资本。其中社会资本对长期处于这个区域生活的人来说是一项重要的无形资本，社会资本的丢失将使其无法在当地继续生存，因而社

---

① 2009 年人民银行《农村合作金融组织调查》报告。

会资本是一个社会网络稳定的重要因素。

我国广大农村地区仍是一个较为传统的小农经济社会，而这个小农经济社会的网络化特点非常明显，或者换句话说，我国广大农村地区就是个熟人社会。而熟人社会在克服信息不对称方面具有无可比拟的优势。产生于农村地区内部的普惠金融组织与农户共同存在于这个熟人社会中，可借助与农户长期共同的社会交往，直接或间接获取农户信息，包括信用状况、资金需求、真实财产、家庭情况等信息。因此在熟人社会中，借款人信息具有高度共享性，对内生性金融组织而言，在熟人社会中发放贷款，可以最大限度降低信息不对称，从而不会产生"柠檬效益"，降低道德风险和逆向选择。当一个农户家中存在经济需要时，有些人考虑到"面子"问题，首先不会去找自己的亲戚，而是寻求政府农贷。然而当前政府农贷尚未全面落到实处，且农村商业银行等正规的金融机构对于普通农户存在一定的金融排斥，这时农村资金互助社等内生性的农村金融机构恰好就能来填补这个空缺。这些内生性的金融机构本来就是基层农户们自发组建的，对于是否发放贷款可以直接参考大家的评价，有效地克服了信息不对称的问题，同时降低了搜集信息的成本。

7.2.2　能够有效降低交易成本

同时，内生性农村金融组织在熟人社会中开展业务可以大大降低交易成本，如信息搜集成本、抵质押物处置成本、代理成本、管理成本等。此外，熟人社会还能产生自发的偿付督促机制。由于熟人社会当中形成的邻里等关系会促使借款人偿还贷款，否则，借款人欠债不还的消息立刻就会传遍整个乡村，致使周边亲朋好友都不信任他，最后严重影响其正常生活，从而促使其尽快归还借款。

7.2.3　有效降低信用风险

外生性农村普惠金融机构在发放贷款后，需要花费大量的精力进行贷后的管理，防止由于贷款人因经营情况出现不良转变后无法偿还贷款而使银行遭遇巨额损失。由此外生性农村普惠金融机构如银行还有一套自己的贷款评级制度，俗称贷款的"五级分类"，将贷款分为正常、关注、次级、可疑、损失五类，来方便银行对于每一笔具体贷款进行及时的调整。而内生性的农村普惠金融机构，以农村资金互助社为例，在资金互助社发放资金给社员后，虽然也需要对贷款后农户的归还进行监督，但是远没有外生性农村金融机构那么复杂。主要还是因为农村中"熟人社会"的信息传导机制，而且也关乎各个参股农户的切身利益。即使个别农户在贷款期限到了后不愿意归还钱款，但是迫于该地区舆论的压力，也不得不及时归还，否则当地其他农户对该人的道德素质产生不良印象，从而减少与其来往。

7.2.4 有利于推动农村普惠金融产品创新

对于现行农村外生性普惠金融机构来说，如农村信用社、农村商业银行等，在农村金融体制改革后，越发趋近于商业化，以追求盈利最大化为自己的经营目标。而农户贷款的需求特点是：①季节性较强，希望贷款能够配合农产品的成长周期；②偏好抵押品少甚至无抵押的贷款方式；③大都是分散的小额贷款，收益较低而风险较高。以上几点与我国农村的小农经济有着密切的关系。而正是由于农户贷款的这些需求特点，与银行外生性农村金融机构的经营目标相违背，使得这些农村外生性金融机构为农户提供普惠金融服务的积极性不高。内生性农村金融机构因其内生于农村内部，其商业化的趋势性不强，营利并不是其经营的唯一目标，就能更好地为农村的弱势群体和低端客户提供普惠性金融服务。

在外生性农村普惠金融机构对农户提供金融服务款意愿不强的情况下，创新金融服务产品就更不用说。农村地区金融服务集中在传统的存贷结算业务上，城市地区普遍开办的新型金融服务在广大农村地区也较为稀缺。而根据相关研究，我国广大农村地区迫切需要个人理财、保险、互联网金融等金融服务。而农村内生性普惠金融机构白于经营压力使得自身创新意愿强，且经常与普通农户的沟通也相对较多，能够根据农户的服务需求而推出受农户欢迎的普惠性金融产品和服务。

7.3 阻碍我国农村内生性普惠金融发展的因素

7.3.1 我国农村金融发展对外生性金融供给的路径依赖

根据路径依赖理论，人类社会的制度变迁具有惯性，一旦进入某一路径，就可能产生对这种路径的依赖，因此，人们过去的选择对他现在和外来的选择都将

产生重大影响。制度变迁一旦确定路径就有可能进入良性发展的道路，不断进行
优化，但也有可能在原来错误路径上不断下滑，导致该制度缺乏效率，甚至对经
济产生破坏作用。我国农村金融供给的制度变迁路径是政府主导的自上而下批准
设立外生性的农村金融机构，如农村信用社、邮储银行、农业发展银行、村镇银
行等，而政府对这种路径已产生严重的依赖性。在这种路径依赖性下，政府对农
村金融的改革也仅仅是对原有路径的修补，并没有从根本上打破我国农村金融的
发展模式。

7.3.2　农村资源流失导致农村金融机构内生化土壤薄弱

随着我国改革开放步伐的加快，我国经济市场化程度不断提高。在经济市场
化改革的过程中，广大农村地区面临的却是农村内部资源（包括农村资金、农村
劳动力、农村土地、自然资源等）的不断流失。比如农村资金，根据专家调查测
算，从 1952 年到 1990 年，我国城市工业化建设每年至少从农村抽走 300 亿元资
金。另外，在我国城镇化的进程中，不少地方政府以城镇化为名征用土地，同
时，由于城乡之间存在的巨大贫富差距，导致农村年轻劳动力不愿留在农村，留
守在农村的是"386199"部队，人力资源的流失严重影响了农村经济发展。资
金、土地、人力等资源流出大于流入，导致内生性农村金融机构的孕育土壤正在
快速弱化，这不利于农村金融机构的内生化发展。

7.3.3　政府的行政控制导致农村金融内生化发展缓慢

我国每年的中央一号文件都提到农村金融改革、农村市场改革等问题，足以
证明中央政府对农村金融改革的重视程度。但在实际的改革实践中，体现的仍然
是政府的行政主导意志，包括金融改革方案的设计、改革实施步骤以及改革效果
考核都是在政府的行政安排下进行的。这导致农村金融市场化改革并没有实现其
初衷：提高农村金融市场的效率，为广大农村地区群体提供普惠金融服务。其中
就以农村信用合作社的改革为例，从 2003 年开始，我国开始对农村信用合作社
进行新一轮改革，将农村信用合作社的管理权下放，建立省联社管理机制，明确
提出农村信用合作社的市场化改革方向。但在实际操作中，农村信用合作社的控
制权并没有真正脱离政府，而只是将控制权从中央下放到了地方政府，并没有进
行真正的市场化改革。突出表现为省联社"三位一体"（管理机构、金融机构、

自律机构）的职责定位，职责定位模糊，带有浓厚的行政色彩，如省联社的理事长、监事长和各地信用社主任均由政府委派，省联社的各种制度均由政府审批通过。所以实际上的市场化过程是中央政府权限下放到地方政府的过程，并未引入真正的市场化主体。所以这种政府行政控制下的农村金融"市场化改革"最终难以实现真正意义上的市场化或内生化发展。农村资金互助社作为我国目前农村金融市场上真正意义上的内生性普惠金融机构，经过近十年的发展，截至2017年底，我国在银保监会注册登记的农村资金互助社仍然只有49家（其中还有1家没有营业），发展十分缓慢。

7.3.4　内生性农村普惠金融机构发展人才缺乏

众所周知，内生性农村普惠金融机构是内生于农村内部经济发展的。其实在农村金融这块基本上谈不上金融人才队伍，即使在外生性的农村普惠金融机构中也很难找到合适的人能在农村内生性金融的场景中加以利用，而倘若内生性金融机构自己培养人才，限于缺乏系统培训制度、资金缺乏等方面的考虑，同时自己培训人才又需要很长的时间，因此人才缺乏也是农村内生性普惠金融发展的难题。

第8章 我国农村内外兼容性普惠金融发展路径研究

8.1 农村内外兼容性普惠金融内涵

从上述分析中可以看出，我国农村普惠金融发展路径单独走外生性农村普惠金融发展道路或内生性农村普惠金融发展道路都存在障碍或效果不理想。因此，本书尝试提出我国农村普惠金融发展走内外兼容性普惠金融发展路径，充分结合我国外生性农村普惠金融与内生性农村普惠金融的优势，取长补短，走出一条符合我国国情的特色农村普惠金融发展路径。本书对农村内外兼容性农村普惠金融进行内涵界定：农村内外兼容性普惠金融指在农村内生性普惠金融的发展基础上引入农村外生性普惠金融，充分结合二者的优势，将外生性农村普惠金融的优势如规模优势、网点优势、管理优势、人才优势等资源充分结合农村内生性农村普惠金融的优势如信息优势、成本优势、创新优势等，在农村内外兼容性普惠金融的发展路径下，外生性金融的信息不对称、交易成本高昂、金融产品单一等劣势，内生性金融的资金来源匮乏、管理混乱、内部人控制、人才缺乏等劣势将会得到最大程度的解决。

根据上述分析，发现我国农村单独发展外生性普惠金融还是单独发展内生性农村普惠金融都不是最好的选择，都受到各种制约因素的影响。而且，农村发展内外生性金融都具有自身的优劣势，因此，研究提出我国农村普惠金融发展走内外兼容性农村普惠金融发展路径。具体来说，我国农村走内外生兼容性普惠金发展路径具有以下发展特征：

首先，当前农村金融环境下，外生金融制度下的银行等金融机构，由于信息不对称，在成本和收益两个方面存在劣势。而在内外兼容性普惠金融发展路径下，可以充分发挥农村内生性普惠金融的收益成本匹配优势：第一，信息成本优势，内生性农村普惠金融组织在熟人社会中开展业务可以大大降低交易成本，如信息搜集成本、抵质押物处置成本、代理成本、管理成本等。此外，熟人社会还能产生自发的偿付督促机制。由于熟人社会当中形成的邻里等关系会促使借款人偿还贷款，否则，借款人欠债不还的消息立刻就会传遍整个乡村，致使周边亲朋好友都不信任他，最后严重影响其正常生活，从而促使其尽快归还借款。这种"软信息"的把握使得贷款人能够及时地了解贷款风险性，并采取相应行动（李丹红，2000）。而这正好是外生性农村普惠金融机构所欠缺的。第二，内生性金融组织具有灵活且有效的担保优势。在内生性农村普惠金融组织所在区域，金融借贷双方所居住的地域都比较近且日常接触较多，从而内生性农村普惠金融组织可以接受外生性普惠金融组织所不接受的抵质押担保品。且在农村内生性金融市场上使用得最多的担保品其实不是实物抵质押品，而是社会资本的担保。一般说来，在内生性农村普惠金融组织的金融交易中，交易双方处于紧密的社会联系中，这种紧密联系就构成了无形的社会资本，而且这种社会资本会给借贷双方带来精神或者物质上的收益，同时以社会资本为基础的信用资本势必将带入内外生性金融的兼容路径中，从而使在该模式下的成本收益兼容或匹配。

其次，内外生性两种农村普惠金融制度的目标具有一致性，即为"三农"服务，为"三农"提供农村普惠金融服务。外生性普惠金融通过官方农村普惠金融机构如农村信用社、农村商业银行、村镇银行、规范的小额信贷公司实现其普惠金融目标，内生性普惠金融通过与农村经济合作组织有关联的各类农村资金互助组织实现普惠金融目标。两种不同发展路径的差异体现在：在普惠金融供给方面，外生性普惠金融由政府主导，内生性普惠金融由市场主导，但无论是外生性普惠金融还是内生性普惠金融，两者存在的目的都是为农村、农户、农业提供普惠金融服务，这就决定了两者之间不是对立的，而是兼容的，而作为两种不同发展路径的载体，即各类经济组织（机构）之间，存在的仅仅是竞争关系，而不是非此即彼、有你无我的对立关系，"三农"客户的同质性并不改变两种发展路径下的普惠金融参与主体为"三农"提供普惠金融服务和获得普惠金融服务的相同目标。

8.2　我国农村内外兼容性普惠金融发展路径设计

在我国农村由农户自发形成的内生性农户组织（在本书中指农民专业生产合作社及农民资金互助合作社）基础上，由外生性农村普惠金融机构与农户自发形成的内生性普惠金融组织展开金融联合。

具体来说，由外生性农村普惠金融组织融通资金给内生性普惠金融组织或协会，再由内生性农村普惠金融组织发放给小型农村企业或农户，前两者之间是市场经济规则制度下，借款人与贷款人之间的正常金融契约，后两者之间是熟人社会的社会信用资本、道德信用资本约束下的内生性金融行为。这种路径既解决了外生性农村普惠金融组织所担心的抵押担保及信息不对称等问题，又解决了农村内生性普惠金融组织者的资金规模、管理、人才等方面的问题。

本书中的农村内外兼容性普惠金融发展路径设计将以农村专业生产合作社为农户自发组织形成的农户组织，在此基础上，理论结合实际，在农民专业合作社内广泛存在的资金互助模式基础上提出农村内外兼容性普惠金融发展路径。

8.2.1　在农民专业生产合作社内部设立农民资金互助社

农民专业生产合作社作为农民自主经营、自我服务的经济组织，在推动农业生产组织化、规模化、经营化方面正发挥着越来越重要的作用。以农民专业生产合作社的设立为内外生金融兼容发展路径设计的基础：

第一步：在农民专业生产合作社内部设立农民资金互助合作社，在合作社内部，合作社对社员的个人资信情况非常熟悉，因此相对来说风险较小。

如前所述，在农村金融市场上，农民资金互助社主要有两种发展模式，即内生型发展模式和开放型发展模式。内生型发展模式指农民资金互助社主要依靠内部机构自身的不断改进和优化，而不是依赖外力推动，主要依靠自身发展方式由粗放型向集约型发展方式转变的一种发展模式。在这里，粗放型和集约型是相对而言的，农民资金互助合作社盲目扩大发展规模、无限制地发展社员就是粗放型发展模式。在本书中，农民资金互助社要改变这种粗放型发展模式，实现向集约型转变。而这种转变有两种途径：一是在资金互助社内部社员通过延长农业产业链的方式适度扩大社员所从事行业的经营范围，增加社员的收益，从而增加资金互助社的整体收益；二是从外部引进先进的管理技术、信贷技术和优秀人才，改进农民资金互助社的管理效率，从而增强其竞争能力。而开放型的发展模式是指在外界的参与与扶持下，农民资金互助社实现可持续发展。在这里，内外兼容性农村普惠金融发展路径中的农民资金互助社可以充分吸取两种发展模式的优势，结合内部优势和外部管理优势实现可持续发展。该运作模式见图 8－1：农民专业生产合作社统一对社员生产的农副产品集中销售，社员向资金互助社缴纳股金，资金互助社向有流动性需求的社员提供资金融通。在这个过程中，没有外部资金的助力，仅限于合作社内部之间的资金融通。同时，在农民组建资金互助社的同时，外生性农村普惠金融机构给予管理技术、信贷技术上的指导。

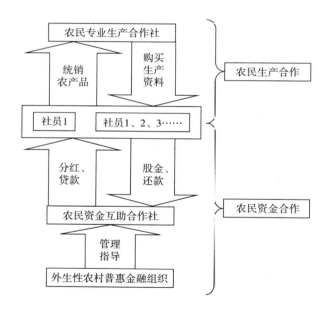

图 8－1　农民专业生产合作社内的资金互助

农民资金互助合作社具有多样化的风险控制机制：

（1）基于专业技术的风险控制。农民专业生产合作社在资金互助信用风险控制技术方面逐步形成了特色。不同特色的共性可概括为三点：一是将金融服务全流程"嵌入"生产经营。二是把信用风险控制建立在充分掌握"信息流、物资流和资金流"基础之上。三是根据信用风险的来源，将风险管理环节前移至生产风险的控制环节上。一些大的农民专业生产合作社将信用风险管理环节前后延伸到物流运输、售后市场维护环节。许多合作社关注借款人的人品、生活习惯和经营收入等软信息上，注重优化信用环境。以乡缘、血缘、人情为信用边界，以借贷合同为基础，通过"资金使用—扩大生产—增加收入—确保还款"，把住"第一还款来源"，夯实信贷资金可持续循环的基础。

　　将这三点再概括可以发现，贷款决策人往往具有良好的特定种养殖专业技术能力和专门产品的生产风险与市场风险及其综合风险识别和控制能力，从而不单纯依靠商业银行资产抵押、担保等契约型风险防控技术，不单纯依靠人缘、血缘等关系型风险控制技术。许多由银保监会批准的资金互助社的风控技术也颇具特色，形成了"现场现认"特征信用评估法、担保品"使用价值"评估法、"抓大放小"风险控制法等。

　　（2）基于流程控制的风险控制。一些小型农民专业生产合作社因为缺乏商品市场竞争力，无法借助"物流"实现"寓融资于融物之中"，许多成功的做法是：建立合理严密的资金融通流程，通过"两头堵死"（借款人为社员，非社员不借；资金用在专业生产上，非本专业合作社的生产经营范围不借），以规避操作风险和信用风险。

8.2.2　农村内外兼容性普惠金融联合支持农民专业生产合作社

　　第二步：构造农村内外兼容性普惠金融路径。在农民专业生产合作社的农民资金互助社模式基础上，引入当地农业产业化企业、农村资金互助联合会、担保公司、政府和外生性农村普惠金融机构。其中对于外生性农村普惠金融机构的选择，本模式中建议选择农村信用社（或农村商业银行），建议农信社（农村商业银行）选择几家试点的区域并参与到当地农民资金互助社的发起、组建和往后的日常管理与服务中。此外，作为具有政策性扶持功能的农村金融机构之一，农信社（农村商业银行）能顺利进行政策性的支农融资业务。具体兼容性合作路径见图 8-2：

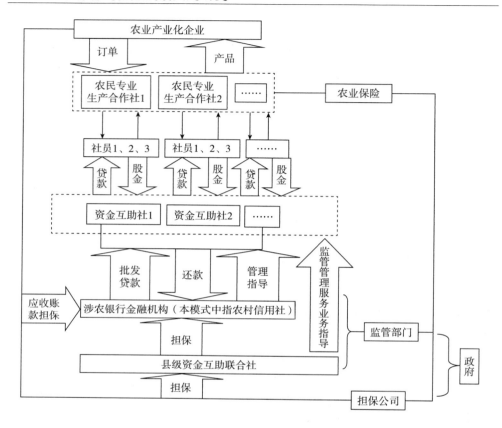

图8-2 农村内外生金融联合支持农村专业合作经济模式

8.3 我国农村内外兼容性普惠金融发展路径分析

8.3.1 农村内外兼容性普惠金融发展路径下的各方利益最大化

在上述农村内外兼容性普惠金融发展路径中，外生性金融组织和内生性金融组织都面对农户信贷需求，从理论上来说，两者处于竞争关系，但在上述路径设计中，双方并没有产生因竞争造成的利益损失，而是将竞争关系转化为了合作关系，使各方利益都得到较好的保护。具体分析从以下几个方面得到体现：

第一，上述农村内外兼容性普惠金融发展路径改变农业产业化企业的原材料供应方式，建立订单农产品供应链，农业产业化企业只需向农民专业生产合作社下订单，由农民专业合作社将订单作为生产任务分解到单个农户，集中收购和采购。

第二，在现行外生性农村普惠金融发展路径下，单个农户或农民资金互助合作社向外生性农村普惠金融机构的融资申请往往会被否决。究其原因，一方面是两者的客户在一定程度上存在竞争关系，另一方面是农民资金互助社缺少贷款所需抵押权证。然而在上述兼容发展路径中，农业产业化企业原本就与外生性农村普惠金融机构存在合作关系，现在只是在两者的合作关系链条中插入专业合作社和资金互助社，而且这种插入不是单纯的插入，而是一种使各方利益最大化、风险最小化的最优插入。

第三，政府和内生性普惠金融组织资金互助社、外生性农村普惠金融机构的关系问题。发展"三农"是各级地方政府的诉求，因此，既然在现行外生性农村普惠金融发展路径下政府也要给予相应的政策扶持，那使得各方利益最大化的兼容性农村普惠金融发展路径更应得到政府的政策扶持，从而最终实现政府服务"三农"的目标诉求。

8.3.2　农村内外兼容性普惠金融发展路径面临的主要障碍

上述分析了我国农村内外兼容性普惠金融发展路径的特征、优势及其具体的路径设计。但在实践中，要实施该路径设计仍然面临以下一些主要障碍：

（1）我国农村内部内生性金融组织发展缓慢。在上述路径设计中，农村内生性金融组织（如农村资金互助社）是整个普惠金融发展路径设计的关键一环，但现行我国农村内生性金融组织仍然非常薄弱。真正意义上的农村内生性金融组织数量仍然非常稀缺。而现有的农村内生性金融组织也存在诸如资金缺乏、社会公信力低、管理人员金融专业素质较低等问题。

（2）我国农民专业生产合作社发展基础仍然薄弱。在上述内外兼容性普惠金融发展路径中，农民专业生产合作社是整个路径设计的载体。而我国广大农村地区仍然欠缺一些合作社发展的基础条件，这些因素制约着农民专业合作社的进一步发展。首先，由于农户经营规模小而散的原因，农民专业合作社组织成本高昂的劣势更加突出。另外，在实际发展中，政府也没采取适宜的方式支持合作社发展。虽然我国出台了《合作社法》，各级政府也给予了财政等方面的支持，但合作社更需要的是旨在降低组织成本的制度建构，而不仅仅是物质支持，因为物质支持在缺乏有效监管的情况下，难以降低合作社的运营成本，相反，会催生大量"空合作社""伪合作社"，甚至还会使原本的真合作社异变成"伪合作社"。其次，由于农村流通体系不发达等原因，合作社有利于降低交易成本的优势难以发挥。中国农产品更多地以初级产品的形式出售，加工率只有45%，这使得农产品附加值低的缺点暴露无遗，而普通的农民合作社并不能从根本上扭转这个局面。

（3）外生性农村普惠金融机构与内生性农村普惠金融机构之间的合作障碍。在上述路径设计中，强调农村外生性普惠金融机构与内生性普惠金融机构的合作。但两者之间的合作存在一些障碍：首先，外生性农村普惠金融机构真正向"三农"提供的金融资源较少，以银行机构为例，目前我国农村外生性金融机构向农村地区投放的贷款数量仍然不足，成为农村金融供给不足的一个重要影响因素。由于农村外生性金融机构每年的贷款总量是一定的，而向农村地区投放贷款的比例比较低，所以可以供给农村地区的贷款总量非常有限，从而制约了其与农村内生性金融组织的合作。其次，我国农村内生性金融组织存在金融专业能力不足的问题。我国农村内生性金融组织源起于农村内部，是农民自发组织生成的一种金融组织，由于自身专业能力有限，缺乏严格的内部管理制度、财务审核制度与风险控制流程等因素，导致外生性农村金融机构缺乏对内生性金融组织的信任，两者之间难以建立长期可持续的稳固合作关系。

8.4 农村内外兼容性普惠金融发展案例
——农村金融自治融资

8.4.1 农村金融自治融资发展情况

中国农业银行浙江省分行营业部立足区域"三农"实际，积极探索实践普惠金融新路子——农村金融自治,突出信贷惠农,信贷产品有特色,很实惠,受欢迎。截至 2016 年 12 月 31 日,涉农贷款余额达到 240.93 亿元,当年新增 8.66 亿元。

农村金融自治以客户自荐、担保自组、借款自主、用款自律、服务自助、守信自励等方式,将村民自治与农村金融需求、金融供给以及农行普惠金融政策有机结合,较好地破解了农民贷款难题。目前已建成 19 个农村金融自治村,并正在积极推广中。

农村金融自治融资重点解决农业生产流通环节上的企业和农户贷款需求,力推农户小额贷款和农村个人生产经营贷款,通过提供全产业链金融服务,助推农业发展及新农村建设,带动农民增收致富。农行长期坚持最大限度低于同业利率发放农户贷款,发挥了大型商业银行在农村低成本资金供给上的风向标和稳定器作用。农户小额贷款具有明显特色:一是额度大。农户小额贷款单户额度可高达 30 万元。二是期限长。贷款期限不超过 3 年,对从事林果业、橡胶、药材等回收周期较长的生产经营活动的,贷款期限最长不超过 5 年。三是计息实惠。农户小额贷款按照贷款的实际使用天数计息,最大限度地减少借款人的利息支出。四是方式灵活。农户可采用抵押、质押、保证等多种方式申请贷款。而农村个人生产经营贷款产品特色为:一是农村个人生产经营贷款额度最高可达 1000 万元,其中保证方式单户额度不超过 300 万元;二是农村个人生产经营贷款的贷款期限最长可达 8 年;三是贷款方式灵活。可采用保证、抵押、质押等多种方式申请贷款。

针对小企业融资难、融资贵、融资慢的问题,农业银行浙江省分行营业部整合资源,重点推介小企业简式快速贷款。

8.4.2 农村金融自治融资特色

8.4.2.1 产品定义

对于农村市场而言,通过组建农村金融自治融资这种"信用共同体"的形式把关联客户组织起来,每个客户缴纳担保基金,按担保基金的担保放大倍数对客户授信。

8.4.2.2 适用对象

企业生产经营区域在浙江省内,主营业务为农作物生产与种植,农户之间的经营模式为联产联包制。

8.4.2.3　产品优势

表 8 - 1　农村金融自治融资优势分析

参与主体	产品优势
对涉农企业益处	快速办理贷款，解决企业面临的融资难题； 通过设立担保共同基金池，与其他业务往来企业之间构建稳定的商务合作关系； 借助银行信誉加强，与其他企业之间的业务往来合作
对农业合作社益处	通过设立"信用共同体担保资金池"，有效联结相关涉农企业； 牵头与当地农信社提出融资申请，作为信用中介加强银企互动
产品收益获取	根据贷款额度情况设定融资利率，银行获取利差收益； 要求"信用共同体"抱团形成担保资金池，存放在该行指定账户； 结合涉农企业的资金结算和回款情况，提供划账结算服务
关键创新要素	构建"信用共同体"模式，以担保资金池形式化解业务风险； 与农民专业合作社构建稳定的合作关系，促进农业产业化、集约化和规模化经营
客户拓展领域	浙江省农村市场，重点是该农信社合作的各类农村专业合作社； 把以前对单个农企的"零售型"贷款，转变为针对农民专业合作社的"批发型"贷款； 农业龙头企业的上、下游客户

8.4.2.4　农村金融自治融资操作流程

（1）中小企业联合体共同组成联产制团体，与当地农业合作社形成稳定合作关系。

（2）中小企业联合体各方企业主体分别根据各自的融资缺口情况，向该银行提出融资申请。

（3）该银行在接到融资申请后，找到农业合作社了解融资商户的基本生产经营情况，并据此为信用共同体产业经营户进行评级授信。

（4）资质审核通过，等待中小企业联合体形成共同担保基金，账户资金打入该农信社账户。

（5）该银行发放贷款以及贷后管理。

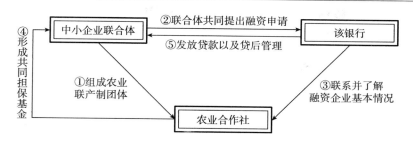

图 8－3　农村金融自治融资"信用共同体贷款"操作流程

资料来源：根据银联信资料整理。

8.4.3　农村金融自治融资的风险控制

农村金融自治融资模式在风险管控方面进行了一系列革新举措，具体包括如下几项：

（1）开展阳光信贷服务：大力推行以贷款公开和"零费用"为核心的阳光信贷服务，做到透明办贷、廉洁办贷。

（2）推行小微企业辅导制：每个县级行社确定一名信贷业务熟、工作能力强的人员，专门为小微企业提供辅导，帮助企业控制经营成本，增强管理能力。

（3）完善信用评级体系：对贷款 100 万元以内的小微企业，按照"核心指标评价法"评级，以定性为主、定量为辅的方法，搜集企业非财务信息，弥补财务信息不全的缺陷，合理反映企业资信情况及偿债能力。

（4）提高审贷效率：该行采取联合调查制、会议制、授权制等多种形式，加快审批效率。

8.5　内外兼容性农村普惠金融融资案例
——"六方合作＋保险"

这里将对四川省资阳市的"六方合作＋保险"生猪产业链融资案例进行介绍。

8.5.1　案例背景介绍

生猪产业是四川省资阳市的特色产业。但资阳市的生猪产业在产业化的发展过程中面临两大问题：首先是风险问题，资阳市的生猪养殖户长期处于分散经营状态，管理粗放，整体抗风险能力弱；其次是资金问题，即资阳市的生猪养殖户普遍存在缺乏资金购买仔猪、猪饲料等。

为解决资阳市生猪产业化过程中的两大难题，经过多方不断实践探索，开创出了一条极具特色的内外兼容性普惠金融农业产业链融资模式。资阳市的生猪产业链融资模式的创新可分为两个阶段。

（1）"六方合作"阶段。所谓"六方合作"是指担保公司（资阳市农业产业化担保公司）、饲料加工企业（四川正东农牧集团有限公司）、金融机构（资阳市农业发展银行）、种畜场（资阳市七环种猪改良有限公司）、肉食品加工企业（四川四海发展事业有限公司）、资阳市生猪养殖协会农户六方合作。在生猪产业链融资模式中，上述六方构成由"政府引导、金融支持、仔猪繁育、生猪养殖与饲料及肉食加工联动"的新型农业产业化经营链条。在该阶段，"六方合作"模式的运作平台是资阳市生猪养殖协会，该协会是由全市辖区内的养殖户、养殖企业、肉食加工企业及相关单位或个人组成的行业性非营利组织。

（2）"六方合作＋保险"阶段。随着"六方合作"的推行，农户生猪养殖规模扩大，但市场风险加剧。为此，该模式在"六方合作"基础上提出了"六方合作＋保险"新模式。新模式的最大亮点是，引入保险公司全程保障，并成立了资阳市生猪养殖合作社，进一步稳定和强化了企业与养殖户利益联结机制。

"六方合作＋保险"模式自实施以来取得了良好的成效，缓解了农业产业化融资难问题。截止到2017年12月，资阳市涉农贷款余额达386.1亿元，使当地生猪产业走向了专业化、集约化发展的道路。

8.5.2　内外兼容性产业链融资运行机制

以资阳市生猪养殖产业链为依托，由金融机构、担保公司、饲料企业、种畜场、合作社、肉食品加工企业和保险公司共同组成的新型农业融资模式，被称为"六方合作＋保险"模式，其运行过程如图8－3所示。

（1）政府将当地具有经营资质、经济实力强、信誉度高的饲料企业、种畜场和肉食品加工企业纳入政府的饲料储备计划。

（2）金融机构向以上纳入政府饲料储备计划的企业发放饲料储备贷款及流动资金贷款。

（3）担保公司为金融机构发放的饲料储备贷款及流动资金贷款提供一定额度的信用担保。

（4）以上纳入政府饲料储备计划的饲料企业按每吨低于终端市价 100 元的优惠价格向生猪养殖户提供赊销、配送饲料等服务；种畜场按低于市价 3% ~ 5% 的价格向养猪农户提供赊销、配送仔猪等服务。

（5）生猪合作社按标准化生产要求饲养商品肉猪，订单交售给肉食品加工企业。

（6）肉食品加工企业按订单收购农户养殖的肉猪，并代饲料企业和种畜场扣除合作社养殖户赊销货款。

（7）保险公司以生猪养殖保险为重点，全程参与上述六方的合作。保费由农户、政府与风险保障金分担，其分担比例为 3∶1∶1。

（8）政府、企业、合作社按照"共同出资、财政补贴"的原则建立风险保障金（其中财政补贴每头生猪 2 元），为养殖户提供风险保障。

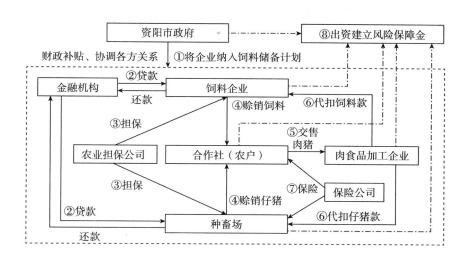

图 8 - 4　"六方合作 + 保险"模式生猪产业链融资流程

8.5.3 内外兼容性生猪产业链融资模式优势

（1）政府的积极参与是"六方合作＋保险"模式有效运行的关键。首先，资阳市政府积极推动"六方合作模式"的建立并提供政策支持，为"六方合作＋保险"风险防范机制营造了良好的制度环境。其次，牵头组建信用担保公司，增强了产业链上关键主体的融资能力。最后，投入财政资金用于农业保险。

（2）担保公司的引入解决了支农贷款缺乏抵押物的问题。在"六方合作＋保险"模式中，由财政注资成立的担保公司为企业贷款提供了信用担保。

（3）由各主体共同建立的综合风险补偿共担机制有效规避了融资风险。"六方合作＋保险"模式通过以下途径在各个主体之间分摊农业贷款风险并借助主体之间的交易关系管理风险：①担保公司提供贷款保证担保；②保险公司提供保险；③由政府、企业、农户共同出资成立风险保障金；④设计"两低一高、两赊一销、一保障"的利益联系机制；⑤生猪养殖合作社与肉食品加工企业、饲料企业、种畜场均签订产品购销协议，实现现金和物流的封闭运行。

（4）养殖协会与生猪合作社这两个组织平台能够更好地协调养殖户与其他利益主体之间的关系。养殖协会与合作社在企业与农户之间架起了一座桥梁，能够对分散农户的机会主义行为进行监督和约束，同时也稳定了生猪的质量和价格，有效地防范了生猪产业化经营风险。

第9章 实现我国农村内外兼容性普惠金融发展路径保障措施

9.1 促进我国农村内生性普惠金融的发展

9.1.1 鼓励发展内生性农村普惠金融机构

改革我国农村金融供给体系，鼓励发展内生性农村普惠金融机构。现行我国"三农"普遍面临金融服务不足的情况，其根本原因在于我国农村金融机构绝大部分属于外生性金融机构，而外生性金融机构极其容易出现上述目标漂移情况。为从根本上解决目标漂移情况，应根据我国"三农"实际情况，改革我国农村金融供给体系，发展内生性农村普惠金融机构。首先需要从根本上改革农村大中型金融机构绝对垄断结构，通过允许民间资本发起设立能够与"三农"平等对接的大量地方性中小型农村金融机构，充分发挥市场内生性力量来为"三农"提供金融服务。其次在市场内生性的"三农"金融服务供给体制逐步建立的基础上，给予必要的政策扶持，如税收、利息、补贴等方面的政策支持。

9.1.2 巩固农村内生性普惠金融机构的发展土壤

根据前述分析，现行我国农村金融机构内生化发展的基础正在逐渐变得薄弱。国家应进行相关顶层设计防止农村内部资源（包括农村资金、农村劳动力、农村土地、自然资源等）流失。就农村资金而言，应进一步防止金融机构从农村将资金抽到城市，制定相关政策鼓励外生性和内生性农村金融机构吸收的存款用于当地经济建设，具体可从利息补贴、构建风险基金池等方式鼓励资农村金融机构回流到农村；对于土地征收，禁止打着"城镇化"的幌子廉价征收农民土地，一些优质的、适合种植的土地要坚决保留进行种植规模化经营，实现规模化效益；对于农村劳动力，鼓励大学生、青壮年回乡创业、就业，政府专门设立大学生创业基金、农民工返乡创业基金、对解决农民工返乡就业的企业进行就业补贴或给予税收减免，从而改变农村大多都是"386199"部队、人力资源严重流失的现状。通过上述一些措施可在一定程度上防止农村内部资源的流失。

9.1.3 构建内生化的农村普惠金融监管及风险防范体系

为适应农村普惠金融机构的内生化发展模式，监管部门应出台内生化的监管规则适应其发展。如单独的法定存款准备金比例、取消存贷比例限制、取消利率管制等。同时，在政府适当提供风险补助的基础上构建内生化的风险防范体系。政府每年从财政中拿出一部分资金专门用于补助内生性农村普惠金融机构风险资金池，政府资金和金融机构之间按3:7的比例承担风险，即政府帮其化解30%，其余70%由内生性金融机构按市场化原则化解。政府可要求其动用30%资金的条件：内生性农村普惠金融机构必须将资金投向农村地区，否则将由其承担100%风险。另通过立法，将内生性农村金融机构的资金限用于农村产业发展，严禁用于投机等高风险用途，并竭力辅助农村工商业者，实现农村金融的普惠化。同时完善农业保险服务体系，扩大农业保险覆盖面，降低"三农"贷款的风险，激励和约束农村内生性普惠金融机构有效开展业务。

9.1.4 坚持有效发挥政府作用

国外金融市场发展经验证明，政府的适度行为选择对保证金融市场的市场化运作具有重要意义。当农村金融市场功能发展不健全时，政府应加大对农村金融市场的干预和扶持，这时农村金融市场的发展模式也主要以政府主导型为主；在政府的扶持下，农村金融市场发展达到一定程度时，政府应选择适时退出，政府行为由之前的行政控制干预转向对农村金融活动进行合理引导，促使农村普惠金融机构按市场化规则运作，促进农村普惠金融机构服务效率的提高。从目前我国一些农村金融机构运行情况来看，一些经济较为发达地区的农村普惠金融机构已具备进行市场化运作的条件，政府应该完全退出其行政干预行为，政府主要从外部进行指导和监管；而对一些落后地区的农村普惠金融机构，政府在坚持市场主导的前提下，适度进行干预和指导，同时培育发展新型农村合作普惠金融，不断丰富农村地区市场化金融机构类型，鼓励自下而上的"摸着石头过河"的农村普惠金融改革发展实验。

9.2　进一步推动我国农村合作经济的发展

9.2.1　推动农村合作经济组织的发展

在上述内外生兼容性普惠金融发展路径设计中，农村合作经济组织是该路径设计的基础，因此为保障该路径的顺利进行，应大力推动农村合作经济大发展。同时，发展农村合作经济组织是促进广大农民群众共享改革发展成果的重要举措。发展农村合作经济组织，一方面，通过组织的规模化和服务的规模化，推进农民专业合作社、涉农企业、家庭农场等各类主体横向合作和生产、加工、流通等各个环节纵向合作，分享全产业链利益；另一方面，通过鼓励广大普通小农户加入专业合作社，建立利益共享分配机制，促进新型经营主体和普通小农户在现代农业发展中共享收益，打造涵盖广大普通小农户的紧密的全产业链利益共同体，确保推进现代农业发展，不让一个掉队。在这里，要牢牢坚守共建共享的运行机制。农村合作经济组织的本质属性是合作经济，合作与联合是它的精髓所在，也是合作经济组织联合发展的国际经验。在推进合作与联合中，要广泛建立、牢牢坚守共建共享的利益联结机制，引导产业链、服务链各环节上的经营主体建立产权联结纽带，按照合作制共同发展，鼓励农民专业合作社及农户通过土地入股等形式获取股份分红收入和增值的二次返利，真正形成普通农民广泛参与、各方主体密切合作、整个组织利益共享的大合作格局，让农民专业合作社等新型经营主体及广大农民群众成为农村合作经济组织的组织共建者、投资合作者和利益共享者。

同时，为防止"空合作社""伪合作社"产生。政府更多需要做的是在充分考虑合作社发展适宜条件的基础上，完善制约合作社发展的外部市场环境，将政策支持资源更多地用于农户的组织化能力建设上，提升农户对合作社的认知水平，培育农户管理和运营合作社的能力，因地制宜、循序渐进地促进合作社发展。

9.2.2 实现农民合作经济组织和农村合作普惠金融组织的有机结合

从全要素合作的视角，实现农民专业合作组织与合作金融内生成长的良性互动发展，在培育和发展合作经济组织的同时构建兼容性农村普惠金融发展路径，并以普惠金融组织为平台和着力点，构建区域性甚至全国性的合作普惠金融网络。加快金融创新，既为农户提供综合化普惠金融服务，同时又沿着农业产业链为农户提供技术和购销等专业化配套服务，最终实现农民合作经济组织和农村普惠金融组织的有机结合。特别是要借力飞速发展的互联网技术，推动农村普惠金融产品和服务方式创新，打破制约农村金融发展的"门槛效应"和"长尾"市场规模不经济，实现不同类型普惠金融机构之间的有效"联结"，提升农村居民金融服务的可得性和便利性，提高农村金融资源的配置效率。

9.3 注重农村普惠金融的需求能力培养

9.3.1 挖掘农村小微企业的多样化需求

目前，农村小微企业的金融需求在很大程度上被抑制。例如，农村小微企业主由于无抵押物或担保人等，只能在亲戚、朋友间进行融资，农村这类最具市场经济活力且能创造大量就业机会的企业发展受到限制。这主要是由于传统外生性农村融资模式与农村小微企业的运作方式和特征不相符、其发展潜力被低估而造成的，因此应设置灵活多样的融资条件，并提供与其特点相匹配的融资方式，来挖掘小微企业的金融需求。例如，农村个体经营的微型企业通常无法提供健全的财务信息，但可以利用交易账单、合同等作为评价其经营状况的依据；消费品流通型小微企业的现金流动具有短、频、快的特点，因此可以进行小额、高频的贷款；建立动态的利率优惠激励机制，即随农村微型企业贷款次数的增加而降低贷款利率，能够在维持银企长期交易关系的同时，提高违约成本、降低银行风险。

9.3.2　努力提高农户普惠金融需求能力

（1）农户金融教育必不可少。根据调查发现，金融教育对金融能力建设具有明显的促进作用，因此应在广大农村地区开展各方面的金融教育，包括学校、家庭及社会金融教育。而且在进行金融教育时，应在充分调研的基础上，对不同年龄阶段需求的金融教育方式和内容应具有区别，开展层次鲜明、适合特定年龄阶段的金融教育活动。

（2）重点关注农村女性金融能力的提高。根据相关研究对农村居民的调研实证结果显示，男性金融能力显著高于女性。因此，应重点关注农村女性金融知识和技能的提高，制定针对女性金融能力的提高方案。

（3）制定针对不同职业类型农村居民的金融能力提高方案。不同职业的农村居民其金融能力存在较为明显的差异，因此应设计针对不同职业类型农村居民的金融能力提高方案。如对纯农业生产经营者，应主要提高基本金融知识和技能，培养其在农业生产资料购买和农产品销售环节所必需的金融能力。

9.4　我国内外兼容性农村普惠金融配套环境建设

9.4.1　营造农村内生性普惠金融的制度环境

制度变迁理论认为制度是整个社会生产、交换、分配的环境基础，是社会政治、经济、法律发展的基石。农村金融制度环境的改变将对农村普惠金融内生化发展产生最直接的制度影响。

（1）出台相关法律。为促进民间资本进入农村金融领域，不仅要出台相关支持政策鼓励其进入，还要从法律上明确其法律合法地位。国家可考虑出台《民间融资法》，从法律的角度上承认农村民间融资、非正规金融的合法地位，并通过法律手段进行规范，使之更好地在阳光下服务于农村经济。另外，国家也要专门出台《合作金融法》，明确农村信用合作社、农村资金互助合作社的地位，性质、运行机制等，防止地方政府对上述合作机构进行不合理干预，导致其服务"三农"效率低下。

（2）鼓励农村金融机构的正当性竞争。农村信用社、邮储银行、农业发展银行、村镇银行等外生性农村金融机构在我国农村金融市场上处于垄断地位。就是这种垄断地位使得我国农村金融改革一直处于外生性路径依赖状态。为改变我国农村金融机构发展的外生性路径依赖，应在我国农村金融市场上引进竞争者。如将具有一定规模的非正规金融组织通过规范由非正规转为正规，由地下转为地上，或是重新组建由多数民营资本入股（如改变现在设立村镇银行大股东必须是大型银行的政策规定）的区域性农村合作银行、土地合作金融机构等，从而新的竞争者的加入可以减少既得垄断利益者的制度红利，打破垄断。就如现行快速发展的互联网金融，互联网金融的出现打破了传统商业银行垄断利益，一方面使得融资者更容易获得资金，另一方面可以使投资者获得更高理财收益，打破传统商业银行坐享存贷利差的制度红利，反过来又促使传统商业银行进行金融创新，更好地服务其客户。我国目前已有 5 家民营银行，说明政府也有意向向民营资本放开银行准入门槛，但这 5 家民营银行主要经营范围面向的是个体工商户、小微企业、科技型企业等，希望政府放开农村金融市场，在监管配套等条件下，让市场自发成立真正属于农村市场的民营银行，更好地服务农村市场。

9.4.2　加快农村信用体系建设，营造良好金融信用生态环境

建立农村农户信息采集及更新机制，开展农业经营主体信用评价。结合地方实际，不断完善农业经营主体采集指标，整合包括政府各部门、金融机构各类信用信息资源，实现信息的持续更新。此外，依托信息系统开展"三信"评定，扩大应用效果。建立包括地方政府及相关部门、金融机构等共同参与的信用评定组织与工作机制，建立适合当地特点的指标体系和评定制度，积极推进"信用户""信用村""信用乡镇"的"三信"评定与创建。依托系统评分开展信用村、信用户、信用乡镇的申报工作，对评定的信用户、信用村、信用乡镇进行公示，制定优惠扶持政策，加大对信用村、信用户、信用乡镇的支持力度。在农业项目开发、财政支农资金安排、扶贫资金使用、政策补贴、农村配套服务、信贷政策等方面向信用户、信用村、信用乡（镇）倾斜，形成资源向信用等级较高的农

业经营主体倾斜的有效信用对接模式和激励约束机制，促使广大农村微观主体的信用意识逐步增强。

9.4.3　培育农村普惠金融评估机构

在现代金融中，谁掌握了金融风险评估权，谁就掌握了金融"话语权"，农村普惠金融体系构建的关键之一就在于创新出具有普惠金融特色的评估机制，使弱势领域同样拥有金融话语权。我国现有的金融风险评估体系以实物资产抵押为基础，不适用于具有潜在发展力的弱势领域，因此，要发展农村普惠金融评估机构、创新普惠金融评估模式。为保持农村普惠金融评估机构的独立性和公信力，政府和金融监管部门应减少对其日常运作的干预，而应着力于规范普惠金融评估市场，切实保证农村普惠金融评级机构具有相应的专业资质且在其股权安排和营运中不存在与评估对象的利益关联。此外，还要对评级的付费模式进行创新，探索由行业协会出资建立、由投资者付费的信用评级机制。

9.4.4　构建农村普惠金融服务体系

通过整合政府、金融等各部门资源，充分调动金融、财政、农业、工业、科技、劳动等各部门参与建立普惠金融公共服务体系，设立一个由各方共同参与组建的农村普惠金融工作组，协调各方的农村普惠金融政策、建立一站式服务中心。该中心主要为农村金融机构、投资者、企业、个人等提供"一站式"行政服务、中介服务、培训服务等便利；相关金融行政审批手续可在该中心集中办理，通过行政部门的协同实现高效率的公共服务；该中心作为产学研衔接的中介，致力于科技成果的推广和转化，撮合项目和投资者的对接；并为创业者提供企业管理、融资指导等方面的培训。

9.4.5　加强农村普惠金融人才队伍建设

（1）加强农村普惠金融人才队伍层次的建设。农村普惠金融人才队伍建设，必须着重抓好以下四支队伍的建设工作：一是要大力培养和造就一批农村金融理论、农村经济功底扎实、熟悉国内外金融业务、能够正确分析判断经济形势、具有较强应变能力的农村优秀金融企业当家人队伍；二是要培养和造就一批掌握现代金融知识、熟悉农村工作、善于开拓市场和经营管理、通晓市场规则和国际惯例、思想道德素质高的职业经理人队伍；三是要大力培养和造就一批懂农村金融业务、会经营的各类高级专业技术人才队伍；四是要抓好活跃在农村金融第一线的高素质金融员工队伍建设。

（2）根据农村普惠金融活动的特点培养普惠金融人才。与农村经济相适应的农村普惠金融的需求，具有资金需求量小、季节性强、点多面广的分散性、经营成本高和风险的外在性强、不可人为控制等特点。农村金融人才必须适应农村经济的具体情况，了解农村经济、社会、自然、乡村的风俗习惯、消费偏好等，还必须有适应农村艰苦工作条件的敬业精神。

（3）建立健全人才激励机制，强化竞争机制。要建立人才竞争机制，使选人用人真正做到"干部能上能下，职工能进能出"；"能者上，平者让，庸者下"，以扩大民主、加强监督为重点，不断做好公开选拔领导干部、规范竞争上岗工作。

（4）引导农村普惠人才合理流动。要加强农村普惠金融人才之间的交流，鼓励外生性、内生性农村普惠金融人才的互换交流，促进人员合理流动，使每个人尽可能才尽其用，促使其个人爱好、专长得到充分发挥。

9.4.6　建立内外生普惠金融机构之间的合作制度

在普惠金融发展战略框架下，政府决策部门（监管部门）通过出台相应的金融制度，在此制度下，要求在广大农村地区的外生性农村金融机构（正规金融机构）应与内生性农村金融机构进行"一对一、一对多或多对一"的点对点合作。并通过双方合作的各项指标，如贷款投放率等，纳入监管部门对其考核指标体系内，从外部推动两者之间的合作。当然，内生性农村金融组织也需苦练内功，从而使得两者之间的合作长期可持续。

第10章　我国农村数字普惠金融发展分析

数字普惠金融来源于普惠金融，普惠金融的实践起源于小额信贷。而小额信贷的服务对象针对于低收入的贫穷阶级，贷款机构主要是有公益性或政策扶持性的小额信贷机构和组织，如孟加拉国的乡村银行和世界银行的扶贫协商小组。这一阶段的小额信贷机构主要提供贷款服务，极少涉及保险、投资、储蓄等其他金融服务。数字普惠金融是数字技术与金融服务提升融合的产物，是普惠金融进入数字化阶段。数字技术与金融产业加深创新融合，通过运用移动互联网络、通信服务、云计算、人工智能等数字化技术，让传统金融机构向之前难以触及的弱势群体提供低成本、高覆盖、更便利的金融服务，并衍生出更多金融服务。数字普惠金融是普惠金融的高级发展模式。

10.1　我国农村数字普惠金融发展的主要模式

10.1.1　基于传统金融机构的农村数字普惠金融发展模式

传统金融机构利用互联网通信、大数据等数字技术，结合自身资金、数据、专业等资源，利用电子器具、网上银行和电商平台等，构建线上线下全渠道服务体系，向"三农"提供支付、信息查询、信贷、电商等数字普惠金融服务。传统金融机构尤其是商业银行大多数已设立普惠金融事业部，推行农村数字普惠金融（见表3-1）。例如：专注农村数字普惠金融领域发展的国家银行——中国农业银行通过快速构建大量自助银行、互联网平台农村服务渠道体系、"金穗惠农通"工程,大力推进农村数字普惠金融发展水平。截至 2017 年,农业银行全国累计发行"惠农卡"近 2 亿张,下放 POS 机、"智付通"等电子机具 107 万台,农村电子机具覆盖率达到 75%。利用互联网、云平台等数字科技手段,构建 e 农管家、银讯通等"三农"线上服务平台,提高金融服务覆盖率和便利性,降低农村金融服务成本和风险,进一步拓展农村业务(具体情况见表 10 - 1)。这种将传统金融服务数字化的模式大大地提高了农村地区获得正规金融服务的可能性,并且商业运营方式可持续,为未来传统金融机构推广普惠金融业务提供了发展方向。

表 10 - 1　传统金融机构发展农村数字普惠金融建立平台、模式和产品

类型	银行——平台、模式、产品
国有大型银行	建设银行——裕农通、农业银行——惠农 e 通
邮储银行	E 捷贷
股份制商业银行	兴业银行——银银平台
城市商业银行	吉林银行——众享贷、江苏长江银行——旺农贷、桂林银行——桂农贷
农村商业银行	广州农村商业银行——村民 e 贷

资料来源:根据各银行官网的信息整理。

表 10 - 2　农业银行发展农村数字普惠金融创建平台或产品

农行数字普惠平台或产品	服务模式	功能
金穗惠农通	对接农村市场企业,接入"金穗惠农通"信息机	提供刷卡消费、存钱取现服务、获取农业信息等一体化服务
	对接新农保、新农合等代理业务	提供农村医药费报销、养老金支取等服务
	对接农村产业链、物流链、资金链等	为"三链"上的农村居民提供信贷和结算等金融服务
农银 e 管家	"电子商务 + 互联网金融"一站式在线服务平台	提供购销存管理、信息发布、交易撮合、融资、支付、结算等服务
金穗快农贷	"互联网 + 大数据"农户小额信用贷款产品	提供满足生产经营资金需求贷款
E 链贷	基于区块链,建立数据共享、流程简化的涉农互联网电商融资系统	提供在线供应链融资服务

资料来源:根据农业银行官网的信息整理。

10.1.2　基于农业供应链金融服务商的农村数字普惠金融模式

农业供应链服务商将大数据、互联网与传统农资销售结合在一起，促进供应链金融升级发展，为农业供应链上下游小微企业和农民提供数字普惠金融服务。农业供应链服务商利用大数据，进行交易信用数据搜集，分析物流、资金等相关数据信息，全面构建上下游小微企业和农民相关信息库，建立信用档案，解决信息不对称问题；一方面，建立线上融资平台，与金融机构、互联网机构进行合作，通过服务商优质信誉，为农户提供银行信贷担保，控制金融交易风险，为农村小微企业及农民提供专业且便利的农业信息和金融服务，帮助三农缓解资金回笼和贷款压力；另一方面，通过建立线上线下一体化交易平台，公开交易信息，促进农业交易，解决农户在农业生产和销售方面的部分问题，形成良性的农村业务发展。表 10 – 3 总结了部分基于农业供应链服务商的数字普惠金融产品，实践证明，基于农业供应链金融服务商发展出的农村数字普惠金融具有低成本、低风险、安全可控、覆盖广、与农业生产紧密相连的领先优势，能解决农业生产和销售过程中的贷款获得和资金回笼问题，为农村产业升级提供了重要方向。

表 10 – 3　部分农业供应链服务商提供的数字普惠金融产品

农业供应链金融服务商	农村数字普惠金融产品	功能
新希望	"村村贷""村村融"	作为支付工具，减少农产品销购时的现金支付问题；作为融资渠道，减少信息不对称，提供农户生产资金筹措，减少贷款风险；作为理财产品，门槛低，提高农民理财意识和闲散资金的利用效率
大北农	"扶持金""农农贷""农富贷"	
村村乐	"应收贷""惠农贷""希望贷"	

资料来源：根据新希望、大北农、村村乐官网的信息整理。

10.1.3　基于金融科技企业的农村数字普惠金融模式

随着农村网络的普及，农村网民快速增长，大型综合金融科技公司和电商平台快速拓展农村金融市场，代表企业包括京东、阿里巴巴等综合互联网公司。这些公司利用旗下的电商平台和金融科技公司在用户的覆盖率及使用深度上的优势，招募"农村推广员"，建立农村服务店，推广开发农村电子商务业务，推广介绍创新金融产品，为农村消费者和农业生产者提供移动支付、线上理财、线上保险、网络信贷等金融服务，以电商模式为基础，推动农村消费性金融和农村数字普惠金融发展。应用场景包括：满足农村地区网上购物需求，提供线上支付服务。为农村农产品销售提供渠道，发展农贸，提升当地农业收入。基于电商的交易信息、信用信息和物流大数据，为农村中小微企业及个人建立信用系统，提供消费贷、农业贷等经营资金。日常生活中在日常保险的购买、线上理财、生活缴费方面提供便利创新的金融服务，紧紧贴合农民、农业、农村实际经济活动需求。为了响应国家号召，解决三农问题，推动普惠金融发展，金融科技企业做出了创新高效的响应。表 10-4 列举了金融科技企业发展农村数字普惠金融创造的相关产品。

表 10-4 代表金融科技企业的农村数字普惠金融相关产品

代表企业	主营业务	农村数字普惠金融产品	产品功能
阿里巴巴/蚂蚁金服	B2C、C2C电子商务	"旺农保""旺农贷""旺农付"	提供移动支付服务；提供便利的农户理财途径，具有类型丰富、小额分散、创新易懂的特点；低门槛提供资金筹措与融通；整合农户征信资料，未满足条件的农户提供信贷担保
一亩田	B2B 电子商务	"农易贷"	
京东	B2C 电子商务	"京农贷""乡村白条"	
云农场	B2C 电子商务	"云农宝"	

资料来源：根据阿里巴巴、京东等企业官网的信息整理。

10.2 我国农村数字普惠金融发展情况分析

10.2.1 我国农村数字普惠金融覆盖广度

参考中国普惠金融研究院在《中国农村数字普惠金融发展报告（2017）》中的观点，数字普惠金融覆盖广度指的是数字金融服务的提供程度，一般用手机银行开通密度和银行电子设备终端设置密度来表达数字普惠金融的覆盖广度。中国农村银行电子设备终端设置密度即 ATM 机、POS 机覆盖情况已在上文论述，接

下来将介绍中国农村手机银行开通情况。根据《中国普惠金融指标分析报告
（2018 年）》中的数据统计，在国家推动农村支付环境建设的背景下，截至 2018
年底农村地区累计已开立 43.05 亿户个人银行结算账户，人均 4.44 户。银行卡
累计发卡 32.08 亿张，农村居民人均持有 3.31 张银行卡。其中，信用卡 2.02 亿
张，比去年提升 15.6%；借记卡 29.91 亿张，同比增长 11.13%；农村地区网上
银行累计开通 6.12 亿户，同比增长 15.29%。手机银行开通数累计 6.7 亿户，同
比增长 29.64%。相比于农村银行电子设备终端设置密度增速乏力，我国农村数
字普惠金融覆盖广度的提升主要来自于手机银行的稳健增长。

10.2.2　我国农村数字普惠金融使用程度

10.2.2.1　电子支付使用程度

电子支付向农村地区普及了无现金支付，让更多农村居民享受到基础金融服
务。电子支付使用程度主要体现在使用银行电子设备终端设置等电子支付方式的
使用深度。央行数据显示，截至 2018 年末，中国 82.39% 的成年人使用电子支
付，比 2017 年增加 5.49%；农村地区成年人使用电子支付比例为 72.15%，同
比高 5.64%。其中银行电子设备终端设备 ATM 机在农村地区交易金额达到
21.96 万亿元，共计 124.06 亿笔，分别下降了 4.73% 和 7.98%，农村居民人均
办理 12.81 笔/年。POS 机交易金额达到 6.79 万亿元，下降了 7.76%，交易了
25.14 亿笔，增加了 2.29%，人均办理 2.6 笔/年。手机银行共支付 93.87 亿笔、
交易金额达 52.21 万亿元，分别增长了 3.04%、34.26%。网银支付业务交易笔
数达到 102.08 亿笔，小幅增长，支付金额达 147.46 万亿元，小幅减少。电话银
行支付业务笔数 8081.11 万笔、金额 925.19 亿元，分别下降 17.44%、23.83%。
农村地区的非银行支付机构提供 2898.02 亿笔网络支付，增长了 104.4%，支付
金额达 76.99 万亿元，同比增长 71.11%（见图 10-1）。其中移动支付交易笔数
占比网络支付中的 94.9%，支付金额达增长 73.48%，占网络支付份额的
96.66%。从数据上能看出，在交易金额上，银行在移动支付和网络支付方面优
势明显，在交易笔数上，非银行支付机构优势明显。在发展速度上，智能手机的
普及使移动支付增长势头强于网络支付。电子支付使用程度的增长可以有效突破
传统普惠金融业务对金融机构物理网点的依赖，提高了普惠金融覆盖广度。全国
农村地区也在积极推进电子支付发展，人民银行银川中心支行就在该区域大力发

展移动支付便民项目，移动支付应用在公交、公共事业、医疗还有菜场等八大场景取得突破。人民银行长春中心支行也在通过推广发展"联银快付"项目，支持通过非现金结算完后大宗农副产品收购，降低交易风险。电子支付实现了线上支付与线下交易相结合，达到了激发创新、降低成本、有效改善金融市场发展环境的效果。

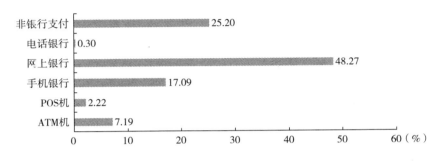

图 10 - 1   2018 年农村电子支付金额份额占比

资料来源：根据中国人民银行公布信息的数据整理。

10.2.2.2   理财和贷款获取情况

随着农村居民脱贫创收，他们的收入逐渐提高，生活水平也明显改善，可支配的资产也越来越多，农民的投资理财需求在不断提升。根据央行数据显示，2018 年，中国 47.81% 的成年人购买过投资理财产品，同比增加 1.84%。农村地区有 36.11% 的成年人购买过投资理财产品，同比增加 3.32%，农村居民投资理财意识不断增强。关于农村居民理财习惯，成都农商银行在《2017 农村电子化定性调研报告》（见图 10 - 2）中提到，31% 的农村居民从未接触了解过投资理财产品，只存活期，这部分居民中有 23% 是毫无投资理财观念，另外 53% 是并不了解理财产品，农村居民主动理财的习惯还有待培养。关于理财方式，农村居民主要通过线下银行人员推销选择购买定期存单和银行理财产品，互联网理财产品的普及度只有 9%。原因主要是农村居民对互联网理财产品认知度低。从此可以看出，未来农村居民提升线上理财比例需要更多的宣传普及，可以通过线下靠谱的专业推广人员进行产品的介绍，培养理财意识。另外，购买互联网理财的人群主要是因为随存随取、操作方便，银行可以参考此原因，拓展线上推销和购买理财方式。

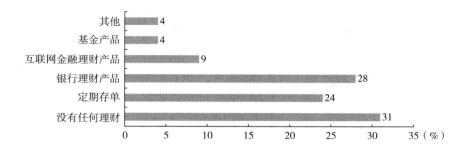

图 10 - 2 农村居民理财方式占比

资料来源：农村电子化调研报告。

满足农村地区贷款需求是发展普惠金融的一大重点，农村贷款需求主要分为农村居民个人消费贷款和农户生产经营贷款。根据上述报告内容指出（见图 10 - 3），目前农村居民超前消费观点较弱，61%的居民表示无借款需求，在需要资金时，大部分人习惯于找亲戚朋友借钱。而存在资金缺口、申请贷款的农村居民中，仅 12%的人会选择线上贷款渠道来获得银行贷款。而了解、使用过借呗、微粒贷等线上贷款产品的农村居民仅占 20%和 13%，不使用线上贷款渠道的原因主要是不了解、不会线上操作和不习惯线上办理业务。根据网上统计，2018 年中国农村地区成年人在银行获得过贷款的比例占 34.62%，21.08%的成年人在银行之外的平台和机构获得过贷款，中国农村地区成年人个人未偿还贷款平均有 0.43 笔，全国成年人人均 0.51 笔未偿还贷款，均与上年基本持平。农户生产经营贷款方面：截至 2018 年，农村地区生产经营贷款余额达到 5.06 万亿元，环比增加 7.6%，增速同比高出 1.1%，整体农户生产经营贷款稳步增长。为了加大对数字普惠金融的信贷支持，部分省份因地制宜：四川成都积极推动农村金融服务综合改革，创建农村金融综合平台"农贷通"服务"三农"，利用数字技术整合了"财金政策、普惠金融、产权交易、信用体系"等功能，截至 2018 年末，该平台已有 93 家银行、保险、担保机构对接上线，共注册 1.2 万余用户，线上发放 58.3 亿元、6403 笔贷款。人民银行怒江州中心支行持着"分片攻坚、连片脱贫"的金融扶贫理念，发展现代支付服务、拓展金融机构网点、普及金融知识和颁发普惠信贷政策入独龙江乡，助推独龙江乡乡村振兴和脱贫攻坚。总的来看，不论是理财还是贷款业务的获取情况都存在着不了解，不会操作的问题，这是发展数字普惠金融进村需要解决的基础。

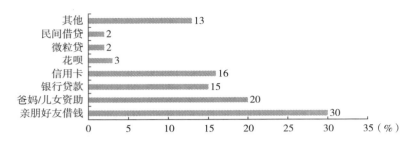

图 10-3　农村居民借款途径占比

资料来源：农村电子化调研报告。

10.2.2.3　数字保险使用情况

互联网保险业务指的是保险机构依托数字技术，通过自有线上平台、第三方网络平台等确定保险合同、供给保险服务。目前绝大多数传统保险机构都有自己的官方线上平台，并衍生出多种创新性互联网保险。例如，购物运费险、支付宝大病互助计划"相互宝"等，具有购买便利、成本优惠、门槛低、覆盖广等特点。截至 2019 年 8 月 9 日，支付宝大病互助计划"相互宝"统计结果表明，该平台现有成员数超过 8000 万，目前是世界上规模最大的互助保障平台。其中，来自县城及农村的用户占到 30%。而针对三农群体的涉农保险也极有创造性，针对不同行业、不同地区的农业生产经营风险，蚂蚁金服与保险公司合作定制出不同类型的农业保险。如针对河北省玉米种植普遍存在的风灾减产风险，蚂蚁金服特别提供风力指数险，并做到保险服务过程实时追踪可查，全程透明高效。蚂蚁金服联合安信农保在农资采购方面推出相关农业用品品质保证险，确保农户在已投保的商家购买农资农具获得质量保障，保证农户利益。截至 2018 年 2 月底，蚂蚁金服为 1.81 亿三农用户提供保险服务，特别为全国贫困县 7120 万三农用户带来互联网保障保险服务，累计投保 37.62 亿笔。发展推广普惠保险也满足 2020 年发布的中央一号文件中强调的补上全面小康"三农"领域短板战略。保险通过数字技术结合互联网创新思路，为三农提供覆盖广、保障全、成本低、便利性的保险服务是促进乡村振兴战略落实的、实现农业农村现代化的切实需求。

10.3 我国农村数字普惠金融发展
存在的主要问题分析

10.3.1 农村数字普惠金融覆盖广度不足

　　数字普惠金融覆盖广度的不足主要来源于两点：一是数字基础设施的不足；二是数字金融应用场景的不足。数字基础设施是数字普惠金融发挥功能的基本工具，这些基础设施包括基本公共网络、移动智能终端、物联网设备等。尽管目前农村地区在这些基础设施建设上已经有了显著的进步，但是仍有许多提升空间。2018 年底农村互联网普及率比中国平均互联网普及率仍低 30%，是城镇互联网普及率的 50%。其基础建设质量明显落后于城市发展水平，而基础设施缺乏或落后会严重影响数字普惠金融应用，例如网络信号质量影响农民使用数字设施的情绪，手机的功能性、各类金融应用程序的操作性影响人们使用数字普惠金融服务的频率等。同时，数字普惠金融运用数字技术管理加工客户信息，减少搜集使用信息的成本，而完成客户基本资料信息的搜集需要建立在完善的基础设施情况下，否则将阻碍金融服务供应者的信息搜集和处理环节的落实，而客户基本信息的缺失则可能遭受金融排斥。另外中国农村地区数字化基础还存在较严重的发展不均衡状况。国家信息中心官网数据指出，截至 2017 年底，中国西部、中部、东部地区的数字中国发展指数是 68.6、70.7 和 74.2。所以，提升农村数字普惠金融覆盖广度除了提升数字基础设施的质量和数量，还需要注意发展均衡问题，因地制宜，提升数字基础设施的利用效率。

　　另外，农村地区在金融方面的应用场景相比城市更少，数字金融方面更少。农村地区的现金支付观念较为传统，数字化支付工具在农村地区发展推广速度较慢。而使用数字支付在发展数字普惠金融方面是一个基本需求。相较于城市将数字支付应用在小额消费交易、日常生活缴费、交通移动支付、日常网上购物上，农村的数字支付应用场景较少。虽然国内部分农村积极推动创新，例如中国数字普惠金融发展水平领先的浙江省，已有 2176 个行政村实现金融服务全覆盖，2019 年 10 月已建立线上小微金融"淘宝网"，推出 170 个金融服务产品，在城乡交通系统方面实现"公交卡＋闪付＋支付宝＋丰收互联"全覆盖，积极打造"线上＋线下"现代乡村基础金融服务。但是总的来看，农村地区的数字金融应用场景在覆盖面积和使用频率上都是较为落后的。而其他数字保险、数字理财等金融产品在农村地区金融素养高低、线上线下推广程度、农村居民网络操作能力上的差距等致使农村数字普惠金融覆盖广度上的不足。

10.3.2 农村数字普惠金融的"自身排斥"现象

农村数字普惠金融的"自身排斥"主要体现为农村居民在数字技术应用和金融服务使用上的自我排斥。申请使用金融产品和服务，进行数字科技操作都对数字普惠金融使用者有不低的素质要求。虽然不需要使用者完全了解金融市场的运行机制，掌握高难度的数字技术，但农村居民的综合素质在一定程度上会决定他们对数字金融的使用操作能力，并且也会决定他们能否正确申请和获得金融服务。而农村人口结构失衡，年轻人少、老年人多，留守老人、儿童和妇女等群体数字技术使用能力、心理能力和经济能力普遍薄弱，信息安全意识较差，存在严重的"数字鸿沟"，同时自身教育水平不高，接受外界新生事物的能力相对欠缺，一直以来被金融机构排斥在服务对象之外，他们对数字金融、金融科技等相关概念知识都十分缺乏，更难谈操作，所以导致农村居民普遍不敢、不会、不愿使用数字金融产品的现状。如上文《2017 农村电子化定性调研报告》中所指出的，31% 的农村居民从未接触了解过投资理财产品，其中 23% 的村民毫无投资理财观念，另外 53% 是并不了解理财产品，而了解线上贷款产品的农村居民仅占 20%。而部分初步学习了解了数字金融知识的农户，在打破"自身排斥"情绪，愿意尝试使用数字金融服务时，却很可能没有正确的指导，甚至被恶意引导，导致出现操作失误。而操作失误或者错误操作很可能会使得账户资金冻结，甚至资金遭受损失，这样的情况会大大地打击农村地区数字金融初尝者的积极性和信心，使得其他农村居民更不敢尝试。所以，自身认识和教育水平的落后所导致的"自身排斥"会降低数字普惠金融在农村地区的传导效率，阻碍发展。

除了自身能力不足所导致的"自身排斥"外，农村居民固定的思维和行为模式也会影响农村居民对金融服务产品和供应商的选择。缺乏尝试创新能力，抗拒风险，即使传统金融机构在农村地区作用有限且成本高昂，农民依旧会对传统金融产品和供应商保持路径依赖。所以，新模式、新渠道、新类型的数字金融服务在农村发挥效用的滞后情况比城市地区更明显。超过 50% 的农村居民依旧习惯于从亲朋好友及个人借贷者处解决暂时的资金缺口。所以农村地区合规数字普惠金融产品推广难和居民自身分辨能力不足导致的数字金融诈骗频现情况并存，阻碍了数字普惠金融普及深化。

10.3.3　农村数字普惠金融安全隐患较大

由于数字普惠金融以数字技术和网络为载体，突破空间和管理限制，给非法融资、虚假交易带来便利。人们在使用正规数字普惠金融服务时，一不小心也容易掉入不法分子设计的网络金融陷阱中。由于网络案件金额小、破案难度大，非法融资和网络金融欺诈也阻碍了数字普惠金融发展。2018 年，中国有 5693 起非法集资案件，涉及 3542 亿元，其中 30% 是互联网非法集资案件，涉案人数分别占 86%，涉案金额占 69%。农村居民由于防护意识不强，数字操作能力不高，综合素质不高，辨别能力不强，很容易在日常数字金融交易过程中被盗取存款，甚至毫不知情地借上了网络高利贷，具有很大的风险隐患。此外，许多消费者信息从互联网金融平台中泄露，导致农户对数字金融的抵触心理提升。为数字普惠金融在农村地区的推广带来了严重的负面影响。

另外，金融机构对自身的数字平台、数据信息需要加强防火墙，定期维护，否则信息安全问题会给数字普惠金融发展带来连锁反应。例如，2016 年江苏省互联网应急中心数据显示，省内传统金融行业发生了 158.76 起主机类网络安全事件，15.73 万起网站类网络安全事件，比 2015 年增长了 3.5 倍和 176 倍。这意味着目前金融机构的信息安全问题严重，互联网生态环境攻击激烈。而农村地区提供数字普惠金融服务的机构除了大型综合金融企业和供应链金融服务商外，还有规模较小的地方农商行、城镇银行和互联网小额贷款公司等，在应付网络袭击上，抗风险能力相对较弱，所以农村数字普惠金融发展也伴随着不少的隐患问题。

10.4 我国农村数字普惠金融发展
水平衡量指标体系构建

10.4.1 指标维度与指标选取

北大数字金融研究中心在设计中国数字普惠金融指标体系过程中遵循了下列构建原则：首先需要从系统的角度出发，指标维度上要同时考虑广度和深度，能体现普惠金融服务的均衡性，代表金融服务的多元化和层次性，强调互联网技术。最后指标体系要保证纵向（跨时间）和横向（跨地区）可比性，并保证数据的连续性和方法的完整性。综合上述原则，根据农村数字普惠金融发展现状及前景并结合相关数字普惠金融指标体系研究，这里将从农村数字普惠金融服务的覆盖广度、使用深度和使用可持续性三个一级维度来构架农村数字普惠金融体系。

（1）农村数字普惠金融覆盖广度。这是发展数字普惠金融的设备基础，数字金融服务供给需要通过电子账户作为载体，所以这里将通过电子账户及银行卡绑定情况等来体现。

（2）农村数字普惠金融使用深度。这指的是农村地区主要数字普惠金融服务的使用频率和实际使用总量指标等，这里根据金融服务特点主要分为基础体系使用程度、投资业务使用程度、风险业务使用程度三大二级指标。基础体系使用程度包括信用系统使用指数和支付系统使用指数，这些是实施其他数字金融服务的基础体系。投资业务使用程度由货币基金业务使用指数和理财业务使用指数来体现。风险业务使用程度由风险对冲业务—保险的使用指数和蕴含风险业务—信贷的使用程度来体现。

（3）农村数字普惠金融使用可持续性。主要指农村用户在办理数字普惠金融服务过程中的便利性和实惠性程度。其中便利性程度由移动化指数和商户非现金化指数来体现，实惠性程度由用户成本指数和信用化程度来体现。

10.4.2 数据处理

由于具体指标表述单位不同，所以需要进行无量纲化处理，再进行赋权计算得到维度值。目前学者们对建立普惠金融指标体系过程中无量纲化处理，主要用对数型功效函数法、指数型功效函数法、有线性功效函数法（Sama，2012；焦瑾璞等，2015；伍旭川和肖翔，2014）。这里将结合数字金融扩张速度快、农村地区之间差异大的特点，为了缓解极端值的影响，将采取北京大学数字金融研究中心课题组（2020）采用的对数型功效函数法，公式如下：

$$d = \frac{\log x - \log x^l}{\log x^h - \log x^l} \times 100 \qquad (10-1)$$

为了便于该指数应用于未来跨地区跨时区进行数字普惠金融发展水平对比，研究做出下列处理：①对正向指标，固定 2014 年各农村地区指标数据实际值的 5% 分位数为下限 x^l，95% 分位数为上限 x^h；②对逆向指标，固定 2014 年各农村地区指标实际值的 95% 分位数为 x^l，5% 分位数为 x^h。另外，为了避免极端值的出现，需要平滑指数，对超过上限的地区进行"缩尾"处理，即当某地区基准年的指标值超过该指标上限时，则令该指标值成为上限值，同理，当某地区的基准年的指标值低于该指标下限时，则令该指标值成为下限值。最后每个指标无量纲化数值得分区间在 0 和 100 之间，基准年之后年份的指标功效分值可能大于100 或小于 0，各分值越高，则代表该指标发展水平越高。

10.4.3 数字普惠金融发展水平指数合成

一般的合成模型有加权几何平均合成模型、加权算数平均合成模型等。考虑到该指标体系是以 2014 年的各指标值的上下限为比较基准，因此在 2014 年后的指标无量纲化后可能小于或等于 0，所以为了最终加权汇总指数值是 0，这里将采用算数加权平均法来进行指数合成步骤。指标加权算数平均合成模型公式如下：

$$d = \sum_{i=1}^{n} \omega_i d_i \qquad (10-2)$$

其中，d 为农村数字普惠金融指数；n 为评价指标个数；ω_i 为各指标对应权重；d_i 为原始数据进行无量纲化处理后数据。

10.5 东中西部六省农村数字普惠金融发展水平分析

根据前述农村数字普惠金融发展水平衡量指标体系的公式（10－2），利用 2014～2018 年东中西部六省农村数据，得到中东西部六省的农村数字普惠金融指数，如表 10－5 所示：

表 10－5 东中西部六省的农村数字普惠金融指数

省份	2014 年	2015 年	2016 年	2017 年	2018 年
贵州省	38.59	60.20	82.33	96.93	98.98
云南省	36.17	58.16	79.67	98.35	101.36
湖南省	46.99	67.18	80.56	103.44	103.51
江西省	48.04	70.37	85.58	108.28	109.05
福建省	59.25	83.86	92.31	112.89	117.86
浙江省	68.41	94.45	89.70	111.19	118.02

为使表达更加直观清晰，结合表 10－5 可以看出，东中西部六省的农村数字普惠金融指数整体水平近年来都有所增长，但东部的浙江省和福建省的农村数字普惠金融发展水平一直领先中西四省，整体来看中部地区数字普惠金融发展水平领先于西部。从东中西部六省农村数字普惠金融发展水平增速来看，2015 年云南省省的发展水平增速最快，环比增长 60.8%，其次是贵州省 56% 的增速，中东部增速接近 38%～43%，这里可以看出数字普惠金融发展落后地区在发展初期会有更高的增速潜力。随后整体上增速放缓，到 2018 年，三省的发展增速都降为个位数，但是其中华中的湖南省和江西省增速最低，可能是因为相比于农村数字普惠金融发达地区的东部，中部地区的创新升级动力较弱，而相比于相对落后的西部地区，中部地区的向上发展空间较低。

10.5.1 农村数字普惠金融覆盖广度水平情况

从中东西部六省数字普惠金融覆盖广度水平来看，东部三省一直领先于中西部且一直保持在很高水平，2015 年达到最高水平，随后覆盖广度略有下降，推断主要原因是当期财付通、银联商务等同业发展速度加快，分占了支付宝部分市场份额。而中西四省覆盖广度水平接近，2015 年、2016 年都增速明显，当覆盖广度达到 85 的水平后，增速放缓。到 2018 年，东中西部六省的覆盖广度水平差距较小，都在 85～100 之间，见表 10－6。

表 10－6　东中西部六省农村数字普惠金融覆盖广度水平

省份	2014 年	2015 年	2016 年	2017 年	2018 年
贵州省	41.55	62.72	89.63	91.38	90.28
云南省	29.51	50.20	87.48	89.87	89.59
湖南省	41.44	61.71	87.82	88.31	86.36
江西省	43.40	68.04	89.11	90.69	89.54
福建省	83.94	106.97	96.55	97.78	97.11
浙江省	89.24	109.77	96.60	98.23	98.37

10.5.2　农村数字普惠金融使用深度水平情况

从中东西部六省农村数字普惠金融使用深度水平来看，浙江省依旧处于领先地位，但在 2016 年有明显降低，其主要原因是在政策限制背景下以及电子银行和其他互联网综合金融公司的崛起发展，支付宝的支付业务和货币基金业务使用率明显降低。福建省在发展初期虽落后于浙江省，但是一直保持较稳健的增长步伐，并于 2016 年后发展差距不大。而西部两省的使用深度水平一直明显低于华中两省，在发展初期，两省使用深度水平都处于落后状态时，发展增速明显。在 2017 年都达到最高水平后略有下降，推测原因和浙江省 2016 年发展深度下降原因一样，并发现来自其他机构的数字普惠金融业务在其他五省发展情况都较浙江省有滞后现象，见表 10－7。

表 10－7　东中西部六省农村数字普惠金融使用深度水平

省份	2014 年	2015 年	2016 年	2017 年	2018 年
贵州省	31.41	55.36	75.41	99.24	96.56

续表

省份	2014 年	2015 年	2016 年	2017 年	2018 年
云南省	43.89	59.17	78.06	105.39	103.27
湖南省	59.77	79.11	89.45	116.17	108.91
江西省	64.57	87.46	94.41	122.84	117.13
福建省	73.04	95.24	102.00	131.96	128.70
浙江省	94.44	119.42	105.36	134.24	133.94

10.5.3　农村数字普惠金融使用可持续性水平

从中东西部六省农村数字普惠金融使用可持续性水平来看，在初期，经济发展水平最低的贵州省对数字普惠金融的使用可持续性最高，数字普惠金融发展水平最高的浙江省的使用可持续性水平最低。六省的农村数字普惠金融使用可持续性水平都是在不断增加的，并且相对另两个维度六省差距很小，同一地理位置的两省使用可持续水平非常接近，见表 10-8。

表 10-8　东中西部六省农村数字普惠金融使用可持续性水平

省份	2014 年	2015 年	2016 年	2017 年	2018 年
贵州省	44.25	63.64	84.48	98.53	108.12
云南省	32.65	62.97	75.62	96.95	108.01
湖南省	37.12	58.16	65.39	100.74	110.34
江西省	33.37	53.38	73.28	105.40	114.70
福建省	25.74	54.16	78.52	103.24	121.43
浙江省	24.38	55.66	67.39	95.56	115.19

根据综合分析可以发现，2018 年中东西部六省农村数字普惠金融的使用深度差异最大，覆盖广度次之，使用可持续性差距最小。从东中西部六省的经济发展水平和数字普惠金融指数的情况来看，初步推测数字普惠金融指数与经济发展水平有正相关的关系，并且驱动力主要来自数字普惠金融的覆盖广度（即覆盖更多的人群）和使用深度（即金融服务的多样性）。

10.6　提升我国农村数字普惠金融发展水平的对策建议

10.6.1　提升农村数字普惠金融基础设施建设

（1）完善农村数字化征信体系建设。一方面，要增加信息获得渠道，收集农村地区相关信用信息，并与上级信用信息系统进行联网，达到信用信息贯通程度；通过金融服务数字软件，农村居民能在家线上办理申报、信用资料完善、查询申请流程等基本金融业务，还能在手机银行上完成融资申请流程、了解金融服务资料等，这些会帮助农村居民提升金融信用意识，加深金融机构与农村居民的互动联系。另一方面，建设"信用村""信用户"刻不容缓，需要尽快搭建数字征信平台，同时建立信用系统与贷款业务关联机制。并且改变传统中资产和收入评分结果占比过大的情况，将农村产业经营情况、农户素质、农户名誉情况等作为特色指标归入信用评分体系中。不同信用等级对于不同的贷款额度和费用，再结合农户贷款周期性需求，定制每人贷款期限，让农民有信用就是农村金融服务获取通行证的意识，达到农村征信系统服务水平提升的目的。

（2）加快农村支付结算体系建设。首先，推动电子支付业务与在农村发展，在农村普及宣传移动支付、网上支付方式，例如在农贸市场支付和农村水电费缴纳方式上宣传推广支付宝、手机网上银行等方式来支付，推广非现金化生活。其次，加快惠农支付便民服务站的建设，在金融机构网点覆盖不足的地点设置ATM 机和 POS 机，提升便民助农取款便利性。

（3）加快数字信息基础设施建设。鼓励贫困地区政府部门与电信部门共同合作，降低费用，提供补贴，为贫困农民提供优惠网络套餐和低价智能手机，提升农村地区数字操作能力。鼓励当地农信社等农村金融机构发展健康数字化平台，发掘创新多元化功能，在实现线上资金存取、转账等基础服务外，还能拓展线上资信评估、保险业务、咨询服务等多功能服务，增加用户使用的综合体验，同时要注意杜绝虚假广告发布和平台虚假信息，创建绿色网络环境。

10.6.2 提升农村数字普惠金融使用深度

（1）深度推广农村数字信贷服务。农村数字信贷服务需要大力的激励创新和推广。一方面，能根据当地经营特点，结合数字技术，因地制宜地创造提供适合本地特色经营的数字信贷服务，如"云南葡萄贷"等。另一方面，"政银企户保"的经营宣传模式值得借鉴，可以在无银行卡人群和无线下金融网点地区大力推广线上数字信贷产品，让金融服务匮乏的偏远地区的金融需求得到满足，提升整体农村数字信贷服务使用深度。

（2）普及手机银行等综合金融 APP 应用。首先，扎根农村的农村金融机构，如农商行、农信社等应加大对农村居民线下宣传和使用指导，提升手机银行客户使用概率，利用手机银行获取金融服务的便捷性，消除农村地区金融服务的地理歧视，提升客户的使用率和信任度。其次，培养农村居民对手机银行、支付宝等金融 APP 的各项功能应用的挖掘探索习惯。目前农村居民运用手机银行等 APP 主要用于转账汇款，而对投资理财、小额贷款、生活缴费、信用积累等功能使用得少之又少。而针对农村用户对手机银行等综合金融 APP 应用黏性低的问题，可以采用支付抵扣现金、投资消费有优惠的方式来提升农村居民的使用频率，同时带来金融机构服务"三农"、带来普惠的良好形象。

10.6.3 推动对农村居民数字金融知识普及教育

（1）对于农村地区需要分人群进行金融知识普及教育，帮助他们掌握基本的金融知识和数字普惠金融操作能力。对于农村的青少年群体应该尽早地培养金融意识。对成年人，根据性别、工作性质、从事农林渔业的方向不同等进行不同的正规金融产品和服务的培训，让他们更深刻地了解数字普惠金融的实际应用。对老年人应该注重他们的自我保护意识，进行防金融欺诈等知识教育。当然，对所有的农村居民都应加强非正规金融产品和机构的辨别能力，遭受欺诈和不公平交易时，普及积极举报、合法维权意识。

（2）农村管理组织和农村金融机构应该合作推广普惠金融理念，将合规的小微贷款技术、农业保险服务推广到农村居民的生活中，提高农村金融服务能力和农村居民金融风险辨别能力。

（3）政府、金融机构、涉农企业等多方合作，多渠道展开数字普惠金融教育和个人财务规划、理财意识培养。线下可以以村为单位定期举办金融知识教育活动，以及通过宣传册、宣传大厅滚动视频等方式将通俗易懂的数字金融知识向农村居民普及。线上可以用喜闻乐见的短片宣传和数字操作小游戏来吸引农村居民参与实践。

第11章 结论及展望

我国农村普惠金融改革开展多年，期间包括对农村金融机构、功能、体制、业务等方面的改革，但改革效果距离我国普惠金融战略目标还相去甚远。研究指出，目前我国农村普惠金融发展路径仍然是一种政府强制主导下的外生性普惠金融发展模式，我国农村普惠金融发展具有较强的外生路径依赖性。在这种路径依赖性下，政府对农村普惠金融的历次改革也仅仅是对原有外生性金融发展路径的修补，从而导致外生性农村普惠金融机构占绝大多数，外生性农村普惠金融目标偏移，内生性农村普惠金融发展受阻等现象。而需要解决这些问题，应从根本上打破我国传统农村普惠金融固有的外生性金融发展路径依赖模式。基于此，本书旨在探讨我国农村普惠金融发展路径问题。本书得出以下一些结论：

第一，本书对内生性金融与外生性金融进行界定：提出内生性金融是指在市场客观供求刺激下，由社会、经济体系的内部因素所决定，基于微观经济主体的参与和贡献，通过诱致性制度变迁，自下而上内生出的金融活动、金融组织、金融制度、金融体系的统称。内生性金融的主要作用是提升金融资源的配置效率，促进金融供给和需求的有效匹配。外生性金融是指由各层面的政府主导，由政府宏观政策或产业政策所决定，通过强制性制度变革，自上而下产生的金融活动或金融机构，外生性金融的主要作用是增加金融资源的初始投入。

第二，本书指出我国农村金融的发展具有以下一些特征：

（1）沿袭体制内政府主导的外生性金融体系。我国农村普惠金融制度供给的现实情况是政府主导下的外生性金融处于合法的供给垄断地位，而民间社区性、内生性的普惠金融发展受到抑制甚至打压的局面。而我国农村金融需求很大，但能够深度满足其需求的内生性金融供给（包括制度供给）严重短缺。

（2）以自上而下的强制性制度变迁路径为主。我国农村金融的发展注重自上而下的强制性制度变迁，压制自下而上的诱致性制度创新。我国农村金融机构的改革是政府主导下的强制性自上而下的机构演进路径，属于强制性的制度变迁，而自下而上的诱致性制度变迁的创新路径被严重堵塞。

（3）农村金融改革重视金融机构数量改革，忽视农村金融体制功能建设。从改革开放至今四十多年以来，我国农村金融改革总体更加注重的是机构增量改革而轻视体制功能建设。我国农村金融改革以存量金融机构改革为主，改革模式多采取一刀切形式，增量机构改革表现得既不突出也没有连续性，改革的进度更多地停留在示例层面。另外，研究发现我国外生性农村普惠金融机构在农村金融市场上占据主导地位。但在具体发展过程中，外生性农村普惠金融机构存在目标偏移的现象，具体表现为：①设立地理位置的偏离农村；②服务对象偏离"三农"；③经营模式偏离农村需求。

第三，本书以东中西部六省为例，对我国外生性主导发展路径下农村普惠金融发展水平进行分析发现：虽然我国外生性农村普惠金融发展总体水平仍然偏低，但从 2005 年到 2013 年近十年间，中部六省农村普惠金融发展水平都有所提高，且普惠金融发展指数都没有出现 0 值的情况。但具体来说，从总体上来看，2007～2015 年间，湖南的农村普惠金融发展水平处于中部六省当中的最高水平，其次是山西、湖北、安徽、江西、河南，但是，河南的普惠金融发展水平增长速度最快。从分析农村普惠金融发展的影响因素来看，滞后一期的普惠金融发展水平、公路里程数对一省的普惠金融发展影响最大，且影响是正向的；人均收入和人均 GDP 对普惠金融发展水平的影响也是正向的；而地区农业产业的重要性与政府调控政策对普惠金融发展的影响都是负向的。当前我国外生性农村普惠金融的发展水平距离真正意义上的普惠金融还有很大差距，甚至在一些偏远的农村地区还存在着金融服务空白的现象，这从根本上制约了农户享受高效、便捷的金融服务。

第四，本书对外生主导型农村金融体系下我国农户信贷供需进行了分析，发现我国农户存在大量潜在信贷需求，而且信贷需求量呈逐年递增之势，但总体上仍以小额信贷需求为主。根据笔者的调查发现，有信贷需求的农户，无论其来源是正规金融机构还是民间信贷组织，其贷款用途主要是用于农户进行工商业的投资以及农林牧渔业的发展，其次是子女的教育支出，主要目的是为扩大生产规模提供充足的资金，提高家庭收入水平，以及使子女得到更优的教育。而且根据实证分析可以得知，农户的家庭收入、农业生产性支出、非农业生产性支出、教育支出、借贷利率、信贷排斥等因素都通过显著性的检验，这些因素对农户的信贷需求都有显著影响。另外，农户的农业生产性支出、非农业生产性支出、教育支出等因素对农户的信贷需求具有正向影响；而农户的家庭收入、借款利率、金融排斥等因素对农户信贷需求具有负向影响。但是我国农户信贷供需存在信贷供给的外生性与信贷的内生性需求的不适应性，农村信贷产品结构供需不适应性，农村信贷额度不适应性，农村信贷期限结构不适应性，农村信贷担保方式不适应性等多方面的不适应性，提出我国应尝试发展内生性农村金融体系等多方面的政策建议。

第五，本书对外生性农村金融产生的金融排斥现象进行了研究。研究发现我国外生主导型农村金融存在地理排斥、条件排斥、价格排斥、营销排斥、自我排斥等方面的金融排斥现象。研究还从农户与村镇银行互相之间产生的"惜贷"进行了实证分析，发现农户家庭供养比、家庭土地面积、家庭负债、农户的社会关系以及是否考虑从亲友处借款是造成农户主观性金融排斥发生的显著因素；而村镇银行的惜贷情绪主要受政策约束、目标偏移、信贷风险和贷款机会成本等几个方面因素的影响。

第六，本书发现发展农村内生性普惠金融具有以下优势：①环境因素——熟人社会；②需求因素——农户多样化的金融需求；③制度因素——外生性金融供给的不适应性等优势。阻碍我国农村内生性普惠金融发展的因素主要有：①我国农村金融发展对外生性金融供给的路径依赖；②农村资源流失导致农村金融机构内生化土壤薄弱；③政府的行政控制导致农村金融内生化发展缓慢等因素。

第七，本书建议我国农村金融成长的路径为走农村内外兼容性的农村普惠金融发展路径：

（1）我国农村内外生金融兼容性发展优势分析体现在以下几个方面：成本收益优势、制度契合优势、激励相容优势分析等。

（2）研究设计了我国农村内外生金融契合模式：第一步专门在合作社内部设立农民资金互助社，然后通过农村内外生金融联合支持农村专业生产合作社。

（3）在上述内外生合作制度契合模式中，外生金融组织和内生金融组织都面对农户信贷需求，但并没有产生因竞争造成的利益损失，而是达成了合作条件下的共同利益最大化。

第八，本书提出以下几方面的保障措施保障农村内外生兼容性普惠金融发展路径的实现：第一，要促进我国农村普惠金融内生化性金融的发展，具体应从营造农村普惠金融内生化发展的制度环境、鼓励发展内生性农村金融机构、巩固农村金融机构内生化发展土壤、构建内生化的农村普惠金融监管及风险防范体系、坚持有效发挥政府作用等方面进行。第二，进一步推动我国农村合作经济的发展，具体从推动农村合作经济组织的发展、建立健全以法律为基础的专业合作社资金互助孵化和培训体系等方面进行。第三，我国内外兼容性农村普惠金融体系的需求能力培养，具体从提高农村弱势领域的投入产出效率、挖掘农村小微企业的多样化需求、高农户金融需求能力、实现农民合作经济组织和农村合作普惠金融的有机结合等几方面进行。第四，我国内外兼容性农村普惠金融配套制度建设，具体应从加快农村信用体系建设、营造良好金融信用生态环境、培育农村普惠金融评估机构、构建农村普惠金融服务体系、培养农村普惠金融专业人才、严格监控限制和歧视性政策等几方面进行。

第九，本书对我国农村数字普惠金融发展情况进行了分析。研究指出，目前我国农村数字普惠金融发展模式主要有基于传统金融机构、农业供应链金融服务商和金融科技企业的农村数字普惠金融服务供给方等模式。研究还发现，目前国内农村及偏远地区提高了互联基础设施水平、手机设备使用率和金融终端设备安放比例，这些都为农村数字普惠金融的发展提供了良好的设备基础。当前，农村地区电子支付得到较广泛使用，但线上理财、线上贷款和线上保险却面临着农村居民不够了解、不会操作、相关金融意识不足的问题，限制了相关金融服务使用深度。研究提出，目前我国农村数字普惠金融发展面临农村数字普惠金融覆盖广度不足、农村数字普惠金融的"自身排斥"现象以及农村数字普惠金融安全隐患大等问题。同时，研究利用 2014～2018 年东中西部六省农村的数据对农村数字普惠金融发展水平及不同地区之间的发展水平差异进行比较研究。发现东中西部六省的农村数字普惠金融指数整体水平近年来都有所增长，但东部的浙江省和福建省的农村数字普惠金融发展水平一直领先中西部四省，整体来看中部地区农村数字普惠金融发展水平领先于西部。从数字普惠金融覆盖广度来看，东部三省一直领先于中西部且一直保持在很高水平；从数字普惠金融使用深度水平来看，浙江省处于领先地位，西部两省的使用深度水平一直明显低于华中两省；从数字普惠金融使用可持续性水平来看，六省的农村数字普惠金融使用可持续性水平都是在不断增加的，并且相对另两个维度六省差距很小，同一地理位置的两省使用可持续水平非常接近。基于上述研究，提出提升我国农村数字普惠金融发展水平的对策建议。

本书在对我国农村普惠金融发展路径进行了探讨，最终选择在农村合作经济的基础上融合内外生金融两种金融制度的优点，选择走内外生兼容性的农村普惠金融发展路径。但本书的不足在于，上述路径的设计仅仅是基于农村合作经济基础上的集合农村普惠金融需求，而对于一些分散的农村普惠金融需求并没有考虑，而这部分零散的农村普惠金融需求也占了农村金融需求的大比例，这部分的普惠金融需求没有考虑是本书的不足之处，寄希望于在今后的研究中继续针对此部分完善相关方面的研究。

参考文献

［1］ Matin I, Hulme D. Programs for the Poorest: Learning from IGVGD Program in Bangladesh ［J］. World Development, 2003, 31 （3）.

［2］ Coleman B E. Microfinance in Northeast Thailand: Who Benefit and How Much? ［J］. World Development, 2006, 34 （9）.

［3］ Bateman M. Why Doesn't Microfinance Work? The Destructive Rise of Local Neoliberalism ［M］. New York: Zed Books, 2010.

［4］ Christen P. Commercialization and Mission Drift ［J］. Occasional Paper, 2001, 5 （5）.

［5］ Mersland R, R O Stroem. Performance and Governance in Microfinance Institutions ［J］. Journal of Banking and Finance, 2009, 33 （4）.

［6］ Hellmann. Financial Development and Economic Growth in Underdevelopment Countries ［J］. Economic Development and Cultural Change, 1996, 14 （2）.

［7］ Getaneh Gobezie. Sustainable Rural Finance: Prospects, Challenges and Implications ［J］. International NGO Journal, 2009, 4 （2）.

［8］ Neil Argent. Macro Economic Policy and Reality Deepening Rural Financial Markets: Macroeconomic, Policy and Political Dimensions, Paving the Way Forward for Rural Finance, An Intenational Coference on Best Praceices ［R］. Columbus, 2004.

［9］ Jonathan Conning. Rural Financial Markets in Developing Countries ［J］. Yale University Discussion Papers, 2005 （2）.

［10］ Beckl T, Demirguc－Kunt A, Martinez Peria M S. Reaching Out: Access to and Use of Banking Services Across Countries ［J］. Journal of Financial Economics,

2007, 85 (1).

[11] Sarma M. Index of Financial Inclusion [J]. Indian Council for Research on International Ecomomic Relations, 2012 (2).

[12] Mandira Sarma, Jesim Pais. Financial Inclusion and Development [J]. Journal of International Development, 2010 (12).

[13] Satya R Chakravarty, Rupayan Pal. Measuring Financial Inclusion: An Axiomatic Approach [J]. Journal of Policy Modeling, 2013 (35).

[14] Anderloni L. Fiancial Services Provision and Prevention of Financial Exclusion [J]. European Commission, 2008 (7).

[15] Priyadashee A, Hossain F, Arun T. Financial Inclusion and Social Protection: A Case for India Post [J]. Competiontion and Change, 2010 (2).

[16] Khandker, Shahidur R, Faruqee, Rashid R. The Impact of Farm Credit in Pakistan [J]. Agrichltural Economics, 2003, 28 (3).

[17] Kochar A. An Empirical Investigation of Rationing Constraints in Rural Credit Markets in India [J]. Journal of Development Economics, 2007, 53 (2).

[18] Pham Bao Duong, Yoichi Izumida. Rural Development Finance in Vietnam: A Microeconometric Analysis of Household Surveys [J]. World Development, 2002, 30 (2).

[19] F N Okurut, A Schoombee, S Van Der Berg. Credit Demand and Credit Rationing in the Informal Financial Sector in Uganda [J]. South African Journal of Economics, 2005, 73 (3).

[20] Ho G. Rural Credit Markets in Vietnam: Theory and Practice [J]. OSU Rural Finance Program Document, 2004, 4 (2).

[21] Pal S. Household Sectoral Choice and Effective Demand for Rural Credit in India [J]. Applied Economics, 2006 (14).

[22] Nguyen C H. Access to Credit and Borrowing Behaviour of Rural Households in a Transition Economy [C]. International Conference on Rural Finance Research: Moving Results into Policies and Practice. Rome, Italy, 2007 (3).

[23] Mpuga P. Constraints in Access to and Demand for Rural Credit: Evidence from Uganda [J]. African Development Review, 2011, 22 (1).

［24］Thierry van Bastelaer . A Functional Perspective of Financial Intermediation ［J］. Financial Management，2006，24（2）.

［25］Tanjay Jain，Ghazala Mansuri. A little at a Time：The Use of Regularly Scheduled Repayments in Microfiance Programs ［J］. Journal of Development Economics，2003（72）.

［26］Robert H，Richard B，Olay J. E－business Financing：Preliminary Insights from a Developing Economy Contex ［J］. Journal of Information，Communication and Ethics in Society，2010，6（3）.

［27］周孟亮，李明贤. 小额信贷商业化、目标偏移与交易成本控制 ［J］. 经济学动态，2010（12）.

［28］杨娴婷，杨亦明. 农村新型金融组织的双重目标：矛盾、原因及对策 ［J］. 农村经济，2012（4）.

［29］何剑伟. 国际小额信贷目标偏移状况研究 ［J］. 西部金融，2013（12）.

［30］孙良顺，周孟亮. 小额信贷机构使命偏移研究评述 ［J］. 西北农林科技大学学报（社会科学版），2014（5）.

［31］陈蓉. 目标偏离与校准：村镇银行支农责任督促机制构建的路径选择 ［J］. 兰州学刊，2014（8）.

［32］马一，柴瑞娟. 中国村镇银行的商业性支农性之冲突与平衡 ［J］. 理论学刊，2015（3）.

［33］张杰. 中国农村金融制度：结构、变迁与政策 ［M］. 北京：中国人民大学出版社，2003.

［34］胡卫东. 金融发展与农村反贫困：基于内生视角的分析框架 ［J］. 金融与经济，2011（9）.

［35］吴玉宇. "互联网＋产业链"：农村金融内生化的新路径 ［J］. 西部论坛，2015（9）.

［36］楚尔鸣，杨光，左坤. 从外生性走向内生性：农村信贷供给制度的变迁 ［J］. 华南农业大学学报，2007（7）.

［37］胡卫东. 纾解农村贫困的内生金融机制研究 ［J］. 商业经济研究，2012（12）.

［38］胡卫东．发展我国农村金融的误区：一个内生分析框架［J］．农村经济，2013（5）．

［39］周治富．经济权力、契约治理与内生性金融的发展［J］．制度经济学研究，2014（2）．

［40］王曙光．乡土重建——农村金融与农民合作［M］．北京：中国发展出版社，2009．

［41］李明贤．农村金融改革需走内生成长之路［N］．中国社会科学报，2015－02－02（A07）．

［42］施同兵．农村合作金融发展中政府行为的选择［J］．中国行政管理，2013（8）．

［43］周孟亮，李明贤．增量式农村金融组织成长研究：政府与市场协调视角［J］．社会科学，2014（7）．

［44］罗纳德·麦金农．经济发展中的货币与资本［M］．上海：上海人民出版社，1997．

［45］爱德华·肖．经济发展中的金融深化［M］．北京：中国社会科学出版社，1989．

［46］雷蒙德·W. 戈德斯．金融结构与金融发展［M］．上海：上海人民出版社，1996．

［47］熊彼特．经济发展理论［M］．北京：商务印书馆，1990．

［48］周治富．经济权力、契约治理与内生性金融的发展［J］．制度经济学研究，2014（2）．

［49］徐敏．农村金融普惠的水平测度及影响因素分析［J］．开发研究，2012（5）．

［50］汤凯，田璐．包容性金融对农户收入的影响研究［J］．河南工业大学学报，2013（9）．

［51］向静，时金春．普惠性金融程度的测算［J］．经济视野，2013（2）．

［52］田霖．我国金融排除空间差异的影响要素分析［J］．财经研究，2011（3）．

［53］高沛星等．我国农村金融排斥的区域差异与影响因素——基于省级数据的实证分析［J］．农业技术经济，2011（4）．

［54］张世春．小额信贷目标偏离解构：粤赣两省证据［J］．改革，2010
（9）．

［55］董晓林，徐虹．我国农村金融排斥影响因素的实证分析——基于县域
金融机构网点分布的视角［J］．金融研究，2012（9）．

［56］王修华．农村金融发展对城乡收入差距的影响机理与实证研究［J］．
经济学动态，2011（2）．

［57］李学文，李明贤．中国地区金融发展水平的评价与实证分析［J］．云
南财经大学学报，2007（5）．

［58］丁竹君．我国区域金融发展水平差异的空间分布［J］．商业时代，
2014（9）．

［59］徐文庆．我国金融发展水平的空间效应研究［D］．西南大学，2014.

［60］刘西川，黄祖辉，程恩江．贫困地区农户的正规信贷需求——直接识
别与经验分析［J］．金融研究，2009（4）．

［61］胡金焱，张博．农户信贷需求的影响因素——基于农户调查的实证研
究［J］．金融论坛，2014（1）．

［62］蒲应龚，郑洵．农村信贷配给与有效信贷需求不足并存［J］．山西农
业大学学报（社会科学版），2008（5）．

［63］钟春平等．信贷约束、信贷需求与农户借贷行为：安徽的经验证据
［J］．金融研究，2010（11）．

［64］宋磊，李俊丽．农户信贷需求与农村金融市场非均衡态势的实证分
析——基于泰安市农户信贷供求现状的调查［J］．农业经济问题，2006（7）．

［65］韩俊，罗丹，程郁．信贷约束下农户借贷需求行为的实证研究［J］．
农业经济问题，2007（2）．

［66］李延敏，罗剑朝．中国农户借贷增长波动的周期性特征分析［J］．经
济问题探索，2010（9）．

［67］李锐，李超．农户借贷行为和偏好的计量分析［J］．中国农村经济，
2010（8）．

［68］周宗安．农户信贷需求的调查与评析：以山东省为例［J］．金融研
究，2010（2）．

［69］马晓青，黄祖辉．农户信贷需求与融资偏好差异化比较研究——基于

江苏省588户农户调查问卷［J］．南京农业大学学报（社会科学版），2010（1）．

［70］范丽丽．河南农户信贷需求问题及对策研究［D］．河南大学，2012.

［71］王晓凤．基于农户信贷需求的我国农村金融体系改革研究［D］．山东财经大学，2013.

［72］石志平，张文棋．农户信贷需求与信贷行为影响因素实证研究——基于福建省农户的调查［J］．东南学术，2012（3）．

［73］王定祥，田庆刚，李伶俐等．贫困型农户信贷需求与信贷行为实证研究［J］．金融研究，2011（5）．

［74］谢昊男．发达地区农户信贷需求影响因素分析——基于浙江宁海县农村调查研究［J］．农村经济，2011（7）．

［75］王志刚，梁爽，李腾飞．黑龙江地区农户小额信贷需求的影响因素研究——以桦川县为例［J］．农村金融研究，2012（2）．

［76］龚良红．不完全信息条件下的农户信贷配给分析——一个博弈分析视角［D］．暨南大学，2011.

［77］杨功敏．浅谈农村信贷供给不足的原因及其解决途径［J］．农村经济与科技，2012（4）．

［78］兰庆高，李岩，赵翠霞．农户生产经营性贷款需求及其影响因素［J］．农村经济，2014（2）．

［79］顾宁，范振宇．农户信贷需求结构分析［J］．农业经济问题，2012（8）．

［80］黄祖辉，刘西川，程恩江．中国农户的信贷需求：生产性抑或消费性［J］．管理世界，2007（3）．

［81］黎毅，罗剑朝，房启明等．供给抑制下的不同类型农户信贷需求及其约束研究［J］．农村经济，2014（10）．

［82］杨仕晋．发达地区农户小额信贷需求影响因素实证研究［J］．广东农业科学，2014（15）．

［83］毕德福．农村信用社贷款定价机制存在的问题及政策建议［J］．济南金融，2014（11）．

［84］王书华等．农户信贷约束与收入差距的动态影响机制：基于面板联立

系统的估计 [J] . 经济经纬, 2014 (1) .

[85] 方晓燕 . 内外生双重约束下农村外生与内生金融的融合 [J] . 西部论坛, 2012 (1) .

[86] 谢琳 . 基于农户金融需求视角下的农村民间金融发展路径分析 [J] . 农村金融研究, 2014 (5) .

[87] 张琦 . 对经济不发达地区农村合作金融组织制度创新的思考 [J] . 农业经济问题, 2010 (3) .

[88] 刘玉春, 修长柏 . 金融支持农民专业合作社发展问题研究 [J] . 农业经济, 2013 (8) .

[89] 楼栋, 方晨晨, 林光杰 . 农民专业合作社内部资金互助参与意愿因素分析 [J] . 西北农林科技大学学报 (社会科学版), 2013 (6) .

[90] 薛桂霞, 孙炜琳 . 对农民专业合作社开展信用合作的思考 [J] . 农业经济问题, 2013 (4) .

[91] 李丹红 . 农村民间金融发展现状与重点改革政策 [J] . 金融研究, 2000 (5) .

[92] 杨少俊 . 试论中国农村合作金融发展问题 [J] . 农村金融研究, 2002 (5) .

[93] 熊桓 . 农村金融体系变迁与农村金融制度创新路径研究 [D] . 西南财经大学, 2010.

[94] 杜巍 . 我国农村金融发展历程及对策研究 [J] . 特区经济, 2011 (8) .

[95] 匡家在 . 1978 年以来的农村金融体制改革政策演变与路径分析 [J] . 中国经济史研究, 2007 (1) .

[96] 丁杰 . 互联网金融与普惠金融的理论及现实悖论 [J] . 财经科学, 2015 (6) .

[97] 吕劲松 . 关于中小企业融资难、融资贵问题的思考 [J] . 金融研究, 2015 (11) .

[98] 宋晓玲 . 数字普惠金融缩小城乡收入差距的实证检验 [J] . 财经科学, 2017 (6) .

[99] 张勋, 万广华, 张佳佳, 何宗樾 . 数字经济、普惠金融与包容性增长

[J]．经济研究，2019，54（8）．

　　[100] 傅秋子，黄益平．数字金融对农村金融需求的异质性影响——来自中国家庭金融调查与北京大学数字普惠金融指数的证据 [J]．金融研究，2018（11）．

　　[101] 龚沁宜，成学真．数字普惠金融、农村贫困与经济增长 [J]．甘肃社会科学，2018（6）．

　　[102] 杨竹清．数字普惠金融的扶贫效率及其影响因素分析——基于 31 省市的经验证据 [J]．浙江金融，2019（7）．

　　[103] 董玉峰，陈俊兴．数字普惠金融减贫：理论逻辑、模式构建与推进路径 [J/OL]．南方金融：1-9 [2020-03-31]．